THE CHRISTMAS

Activity Book For Kids

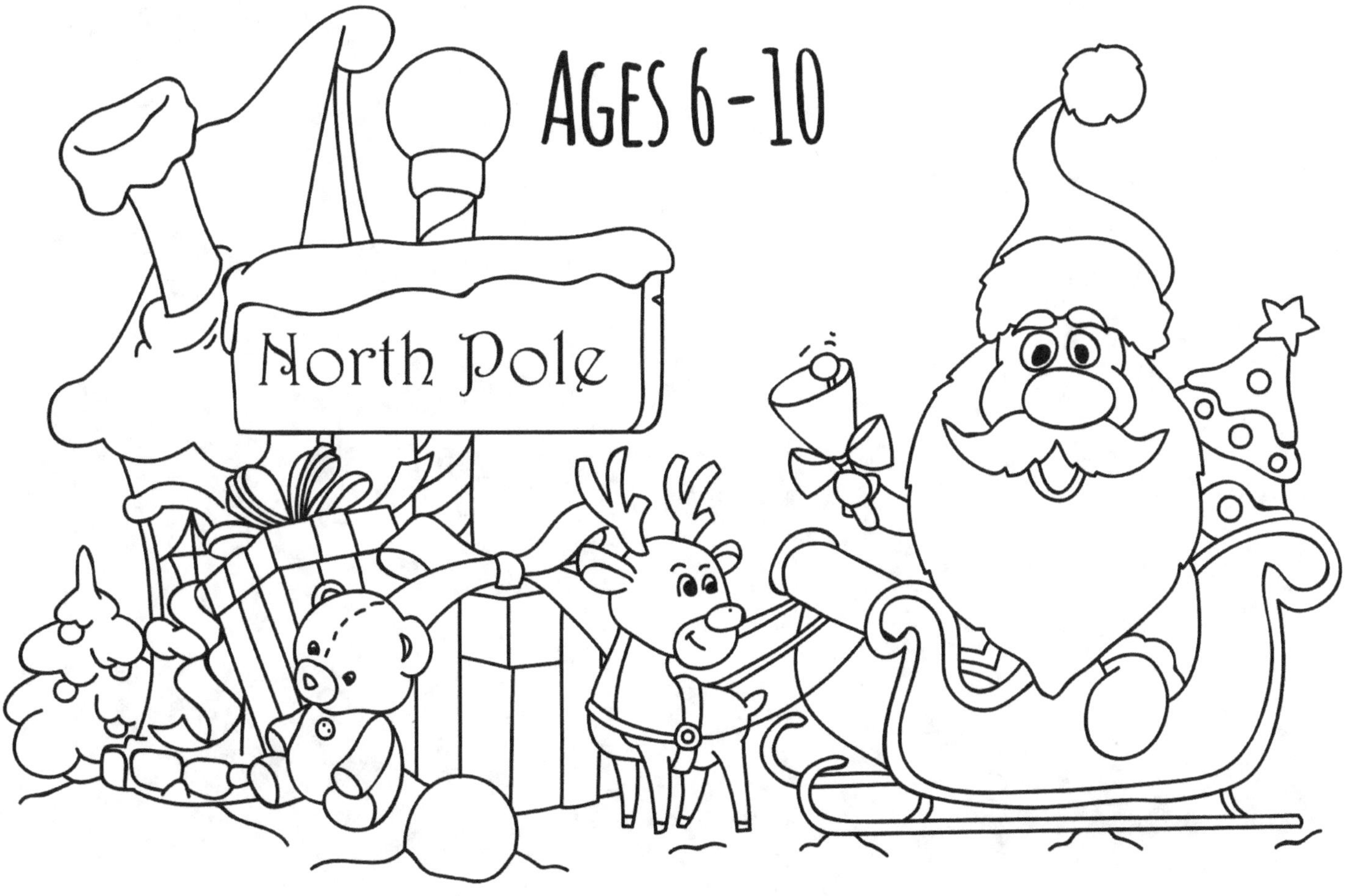

AGES 6-10

North Pole

THIS WONDERFUL BOOK BELONGS TO:

_____

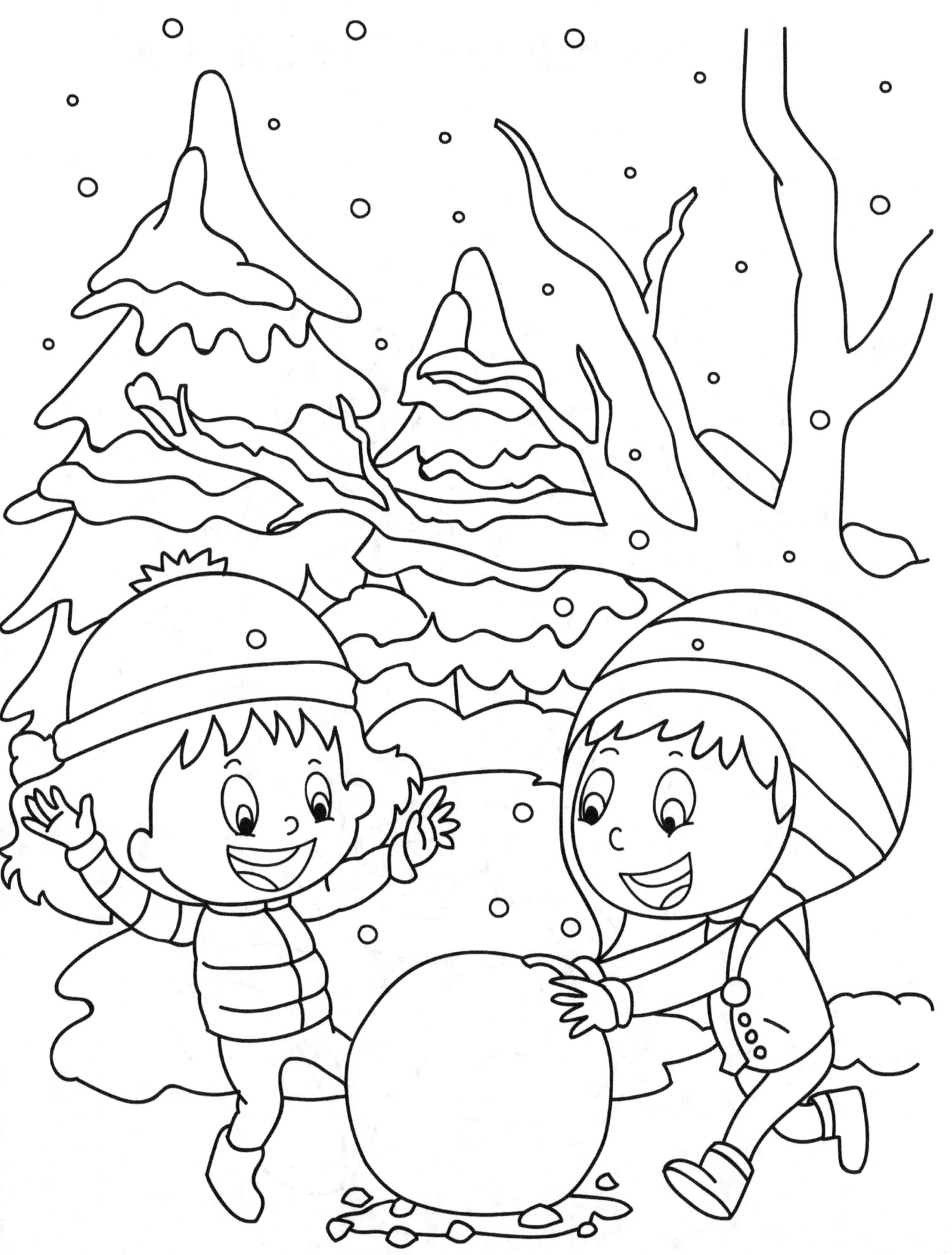

FOLLOW THE NUMBERS IN ORDER TO CREATE THE PICTURE!

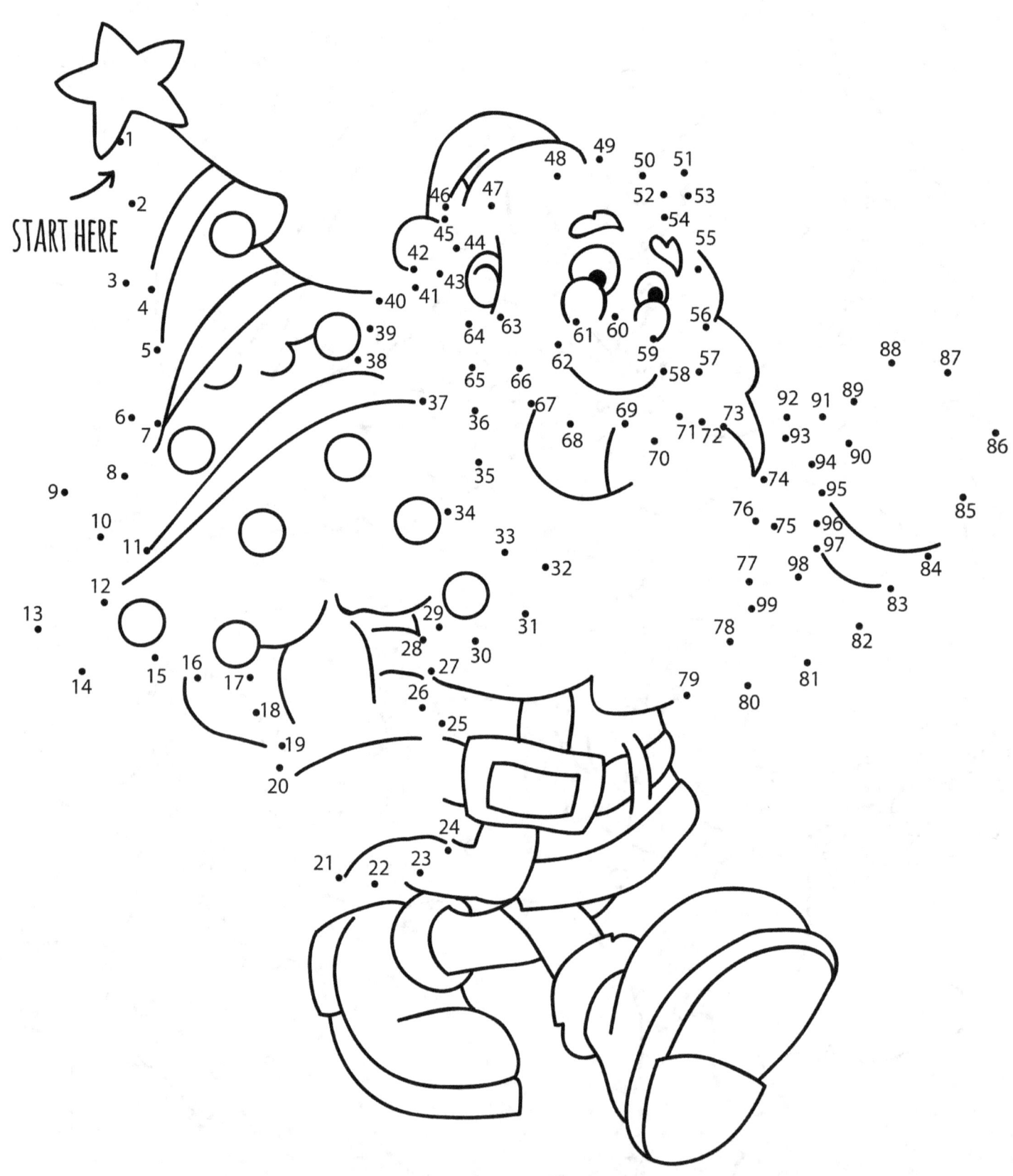

Christmas Characters

```
Q Z C S D L H K T G D Z M F D O U
B N E O H W U O L Y D N I C Q F L
Z F G D O S L H H Y W V Z A H L L
H U L S E L L U X K A H B T S E P
D G J A C K F R O S T Y R N E E H
J R E G O O R C S L S S N A R H D
S J E W X L Z M E Q W F N S B T S
R E Y O B R E M M U R D S M N Y U
H R V O E S K R O B G O N G N D A
W Q K L I I I D F A A X T O H D L
K L U I E N K Y M W K T W J V U C
B A U S V Z A J E G P H F R F B S
T G Z G P N X K P C R L I R A E R
Y C S J G W F B J V O I O T D W M
K O X E Y T E S D D K S N C O E R
F I L W Z J S Q U C T H Z C Q G V
J S V U L W B R E Y K M Z X H X Q
```

Angels	Buddy The Elf	Cindy Lou Who	Drummer Boy
Elves	Frosty	Grinch	Jack Frost
Mrs. Claus	Rudolf	Santa	Scrooge

Help the kids find their way to Frosty the Snowman!

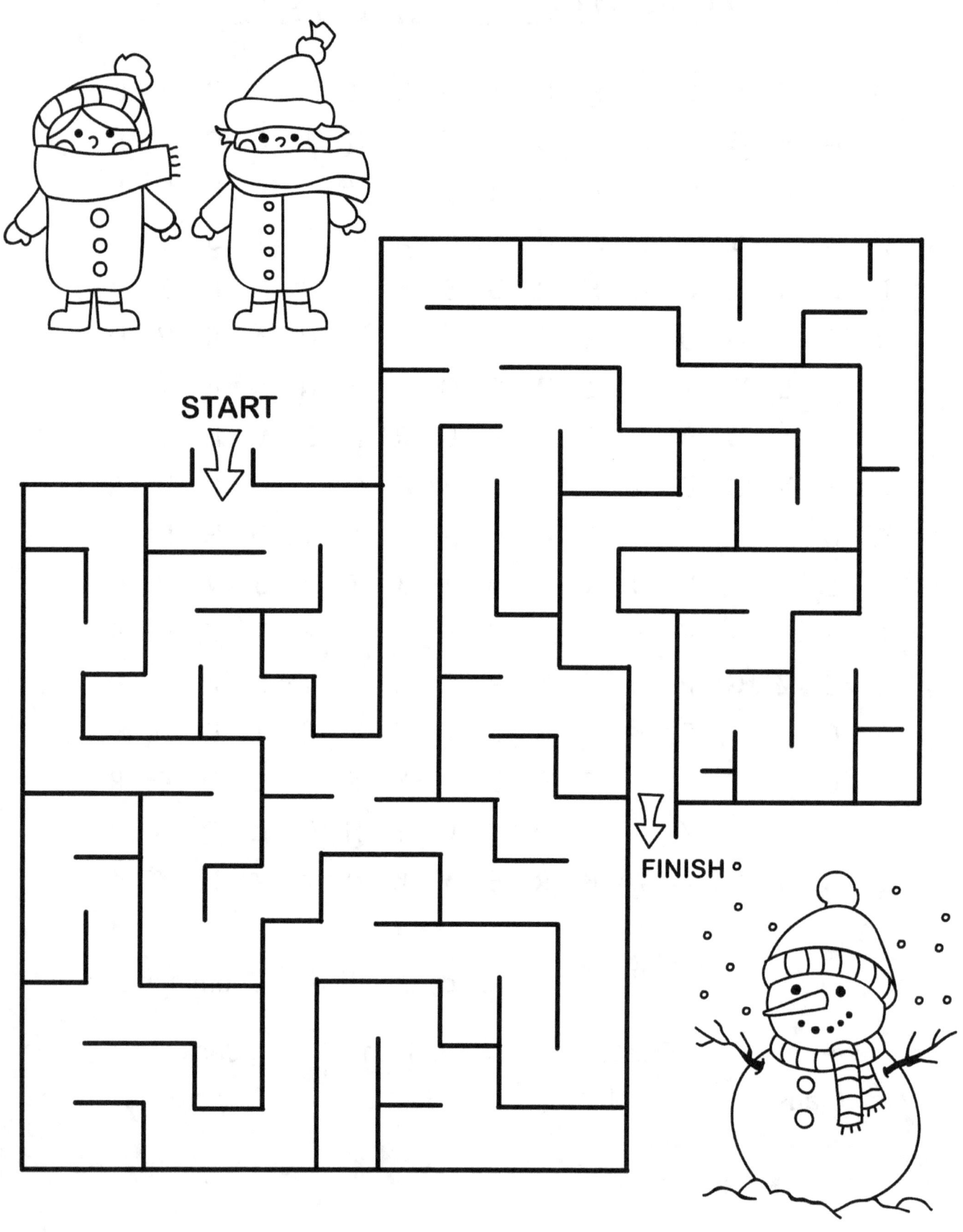

START

FINISH

SPOT 10 DIFFERENCES

MERRY CHRISTMAS

MERRY CHRISTMAS

ANSWERS ARE ON PAGE 66

9

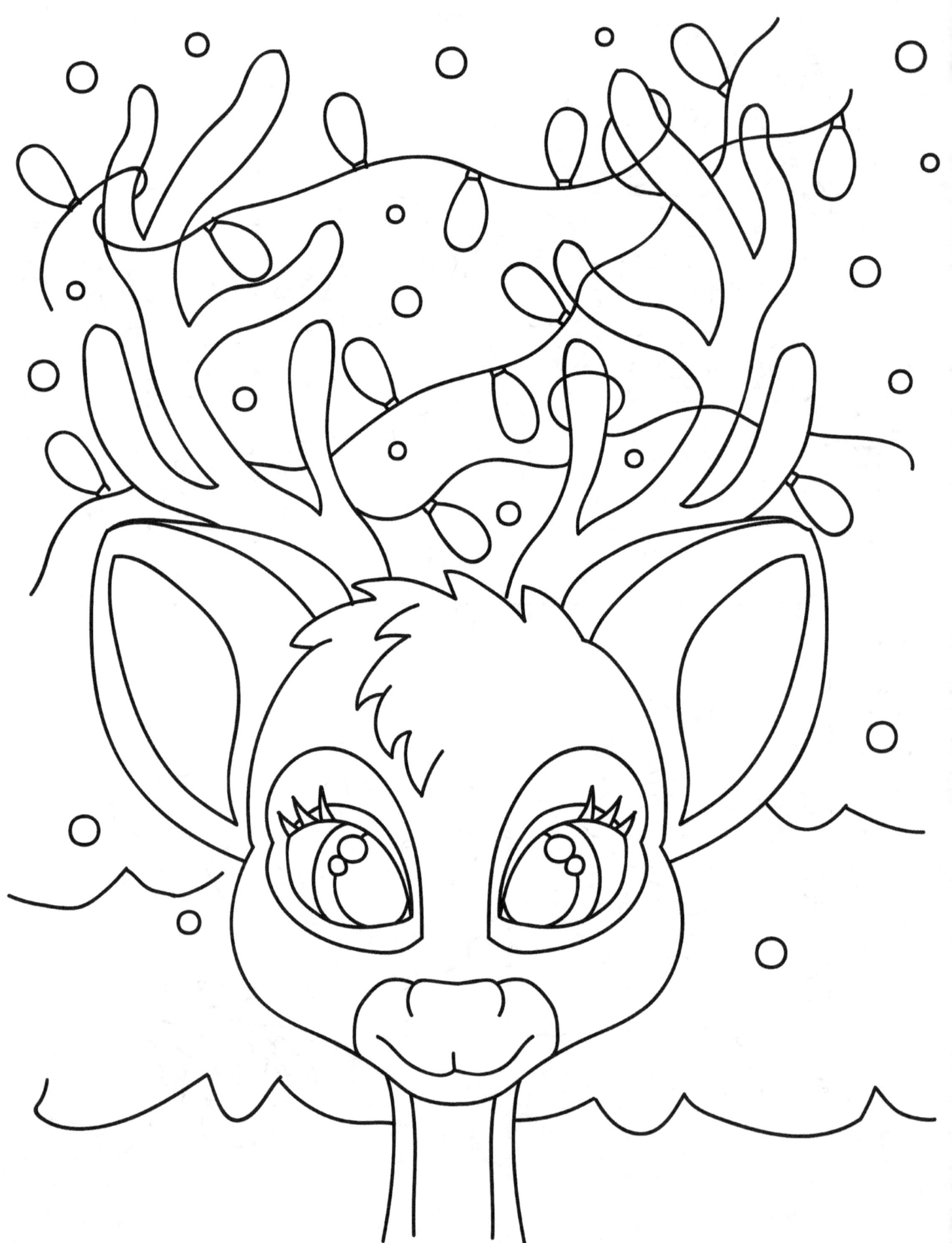

FOLLOW THE NUMBERS IN ORDER TO CREATE THE PICTURE!

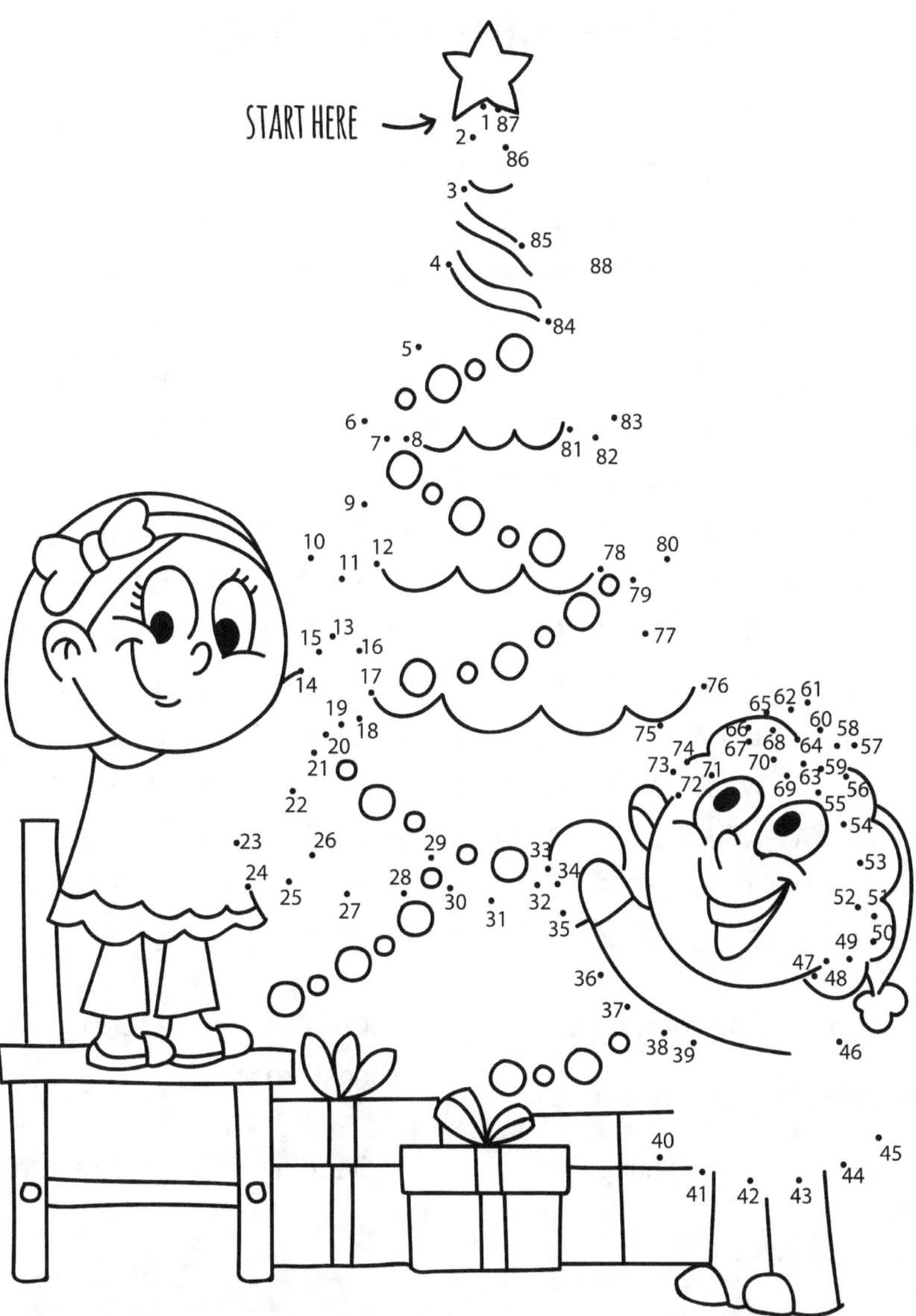

Fun Family Activities!

```
M E E F N A T F M N W O U N I Y J
S G S E O L N W T F K C U U A R J
T N X U R C Z R B I Q Y C T D U K
E I S Q O T N R O G J O D C G R N
K D H S J H G C B C O R T R V R A
R D O P G N D G K Y W P A W S M
A E P F R R O A I A Y P Z C Q B W
M L P K X R P N E T M C D K K Y O
S S I D Y C G S E R A E K E T U N
A S N G F B V F C O B R S R G Z S
M Y G C T Y E B A F A R O T Q C D
T F I R E P L A C E E D E C I L L
S A B V C P E X I H E X G G E H I
I F W R A P P R E S E N T S N D U
R A A M D Y Q W S G X I E R K I B
H M J W M S S Y V T I P C N F O G
C I C E S K A T I N G B K C C K N
```

Build Snowman Christmas Markets Cooking Decorating Tree

Fireplace Games Gingerbread House Ice Skating

Nutcracker Shopping Sledding Wrap Presents

Help Santa get the crumbs out of his beard!

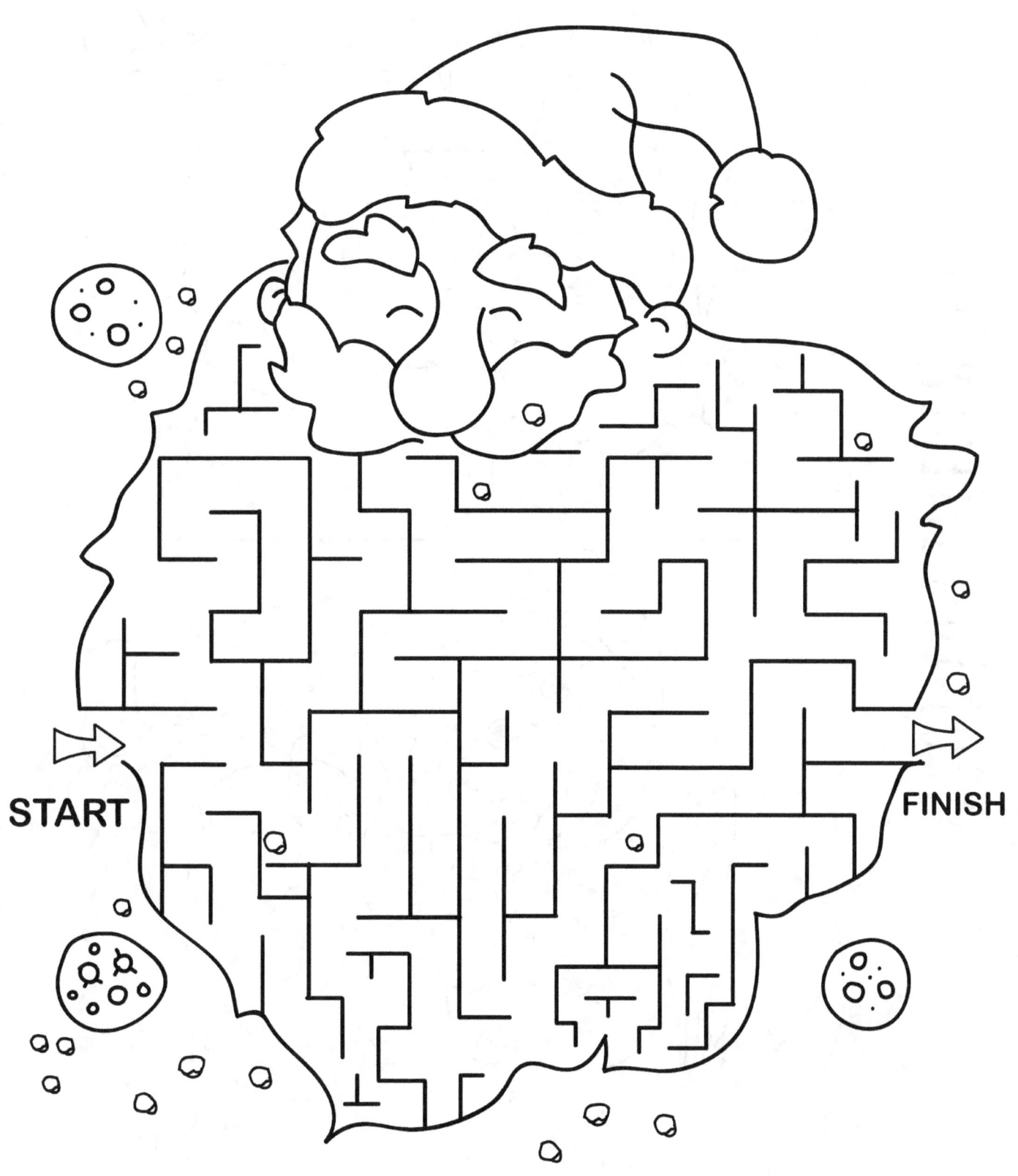

START

FINISH

SPOT 10 DIFFERENCES

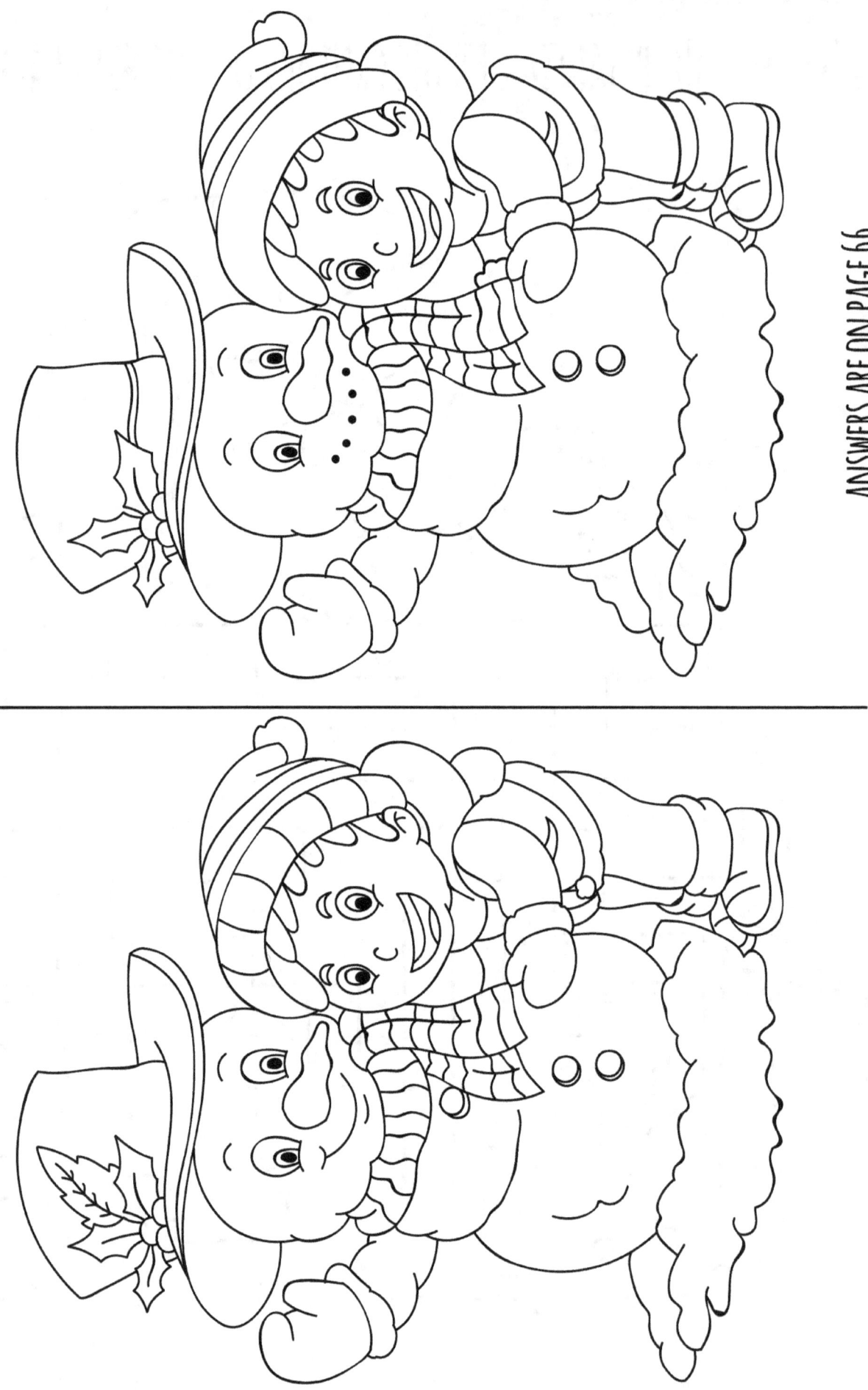

ANSWERS ARE ON PAGE 66

14

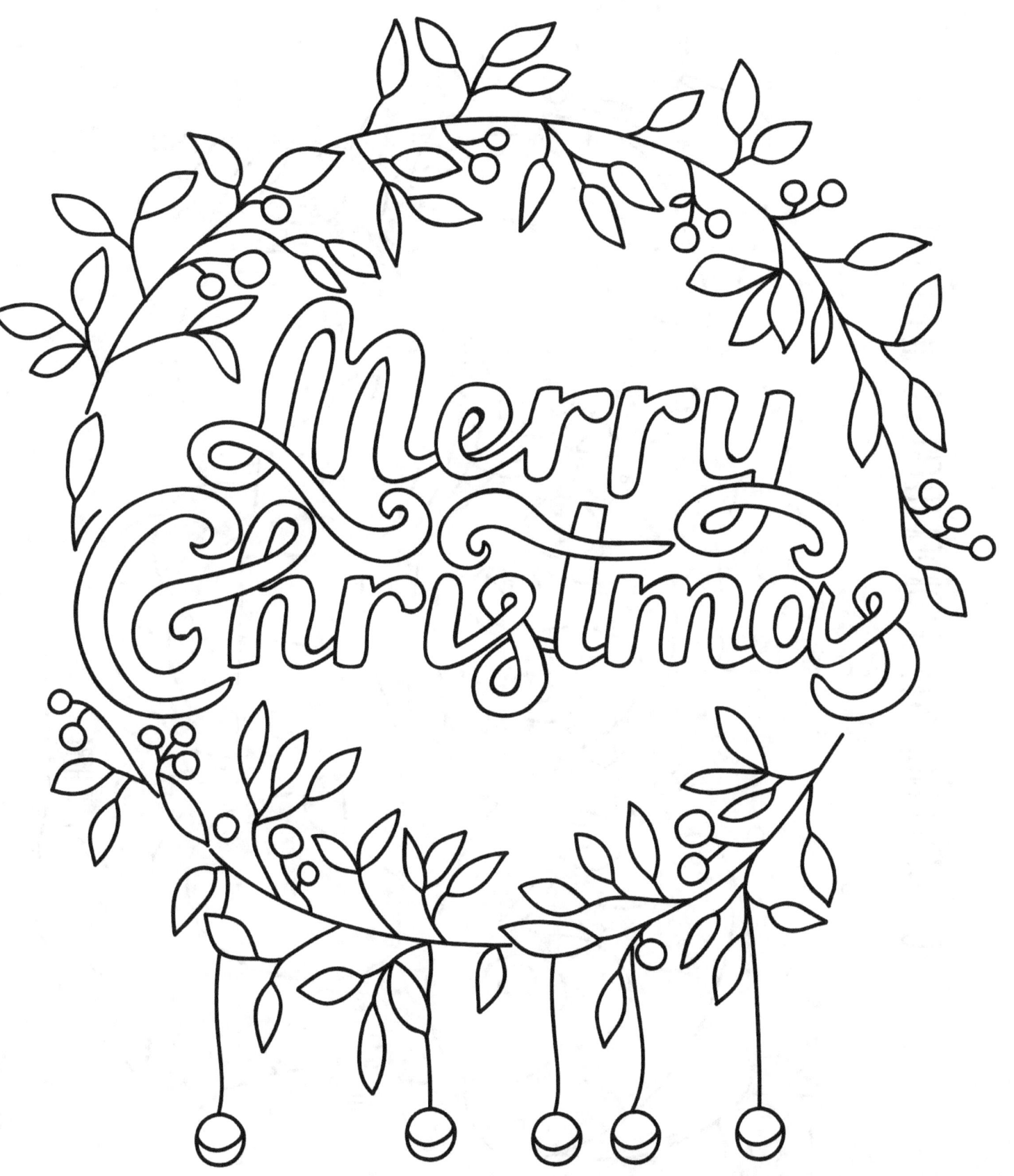

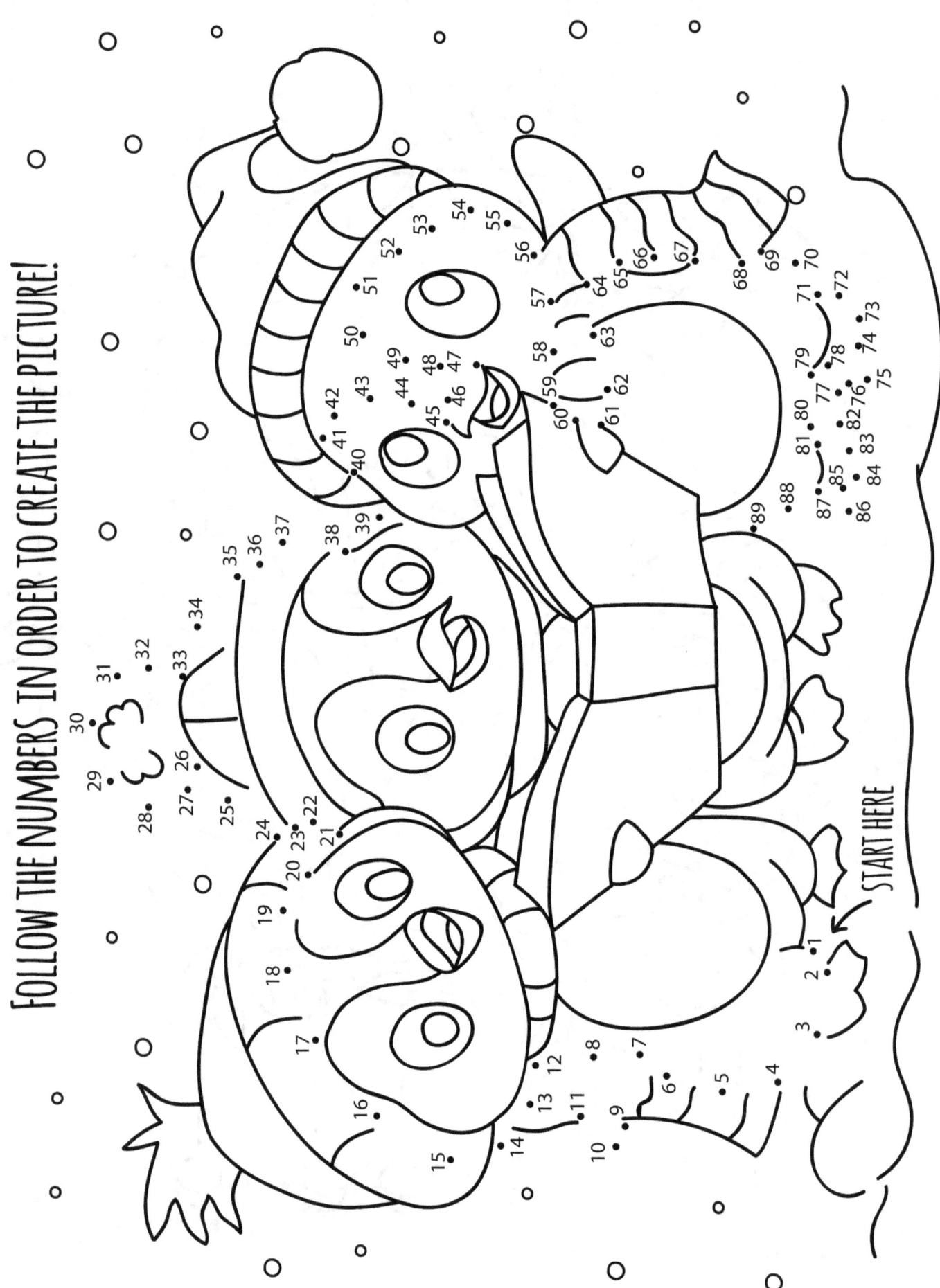

FOLLOW THE NUMBERS IN ORDER TO CREATE THE PICTURE!

START HERE

16

On The First Day Of Christmas...

```
G G N I K L I M S D I A M G E P N
N P Y I C X X C F B G G L E K B L
I I F H Y R C U B O L T O S D S A
Y P H A Q R V F L T T R N B N W D
A E U W C R I D K U C E T N Y A I
L R C F P A E R R O H D F A L N E
E S E G R N L T Q H I G V O X S S
S H G X R T L L C W F C R I J S D
E N T I L E Y N I P X D Y R F W A
E U N B D D E W A N S R Z F X I N
G G P O T R R R I L G C J G W M C
S A V R F E T U E U K B X J E M I
T E R T K R M A M C D O I B X I N
S E D Z I M P W Z M A T E R V N G
A L U D G I R V E O E W X T D G R
C U G X N V M U D U T R C N Z S P
F E M G I F F G Y C K G S D R Y G
```

Calling Birds

Golden Rings

Partridge

Drummers

Ladies
Dancing

Pipers

French Hens

Lords Leaping

Swans Swimming

Geese Laying

Maids
Milking

Turtle Doves

CHOO! CHOO! FIND YOUR WAY THROUGH THE TRAIN TO CLIMB ABOARD!

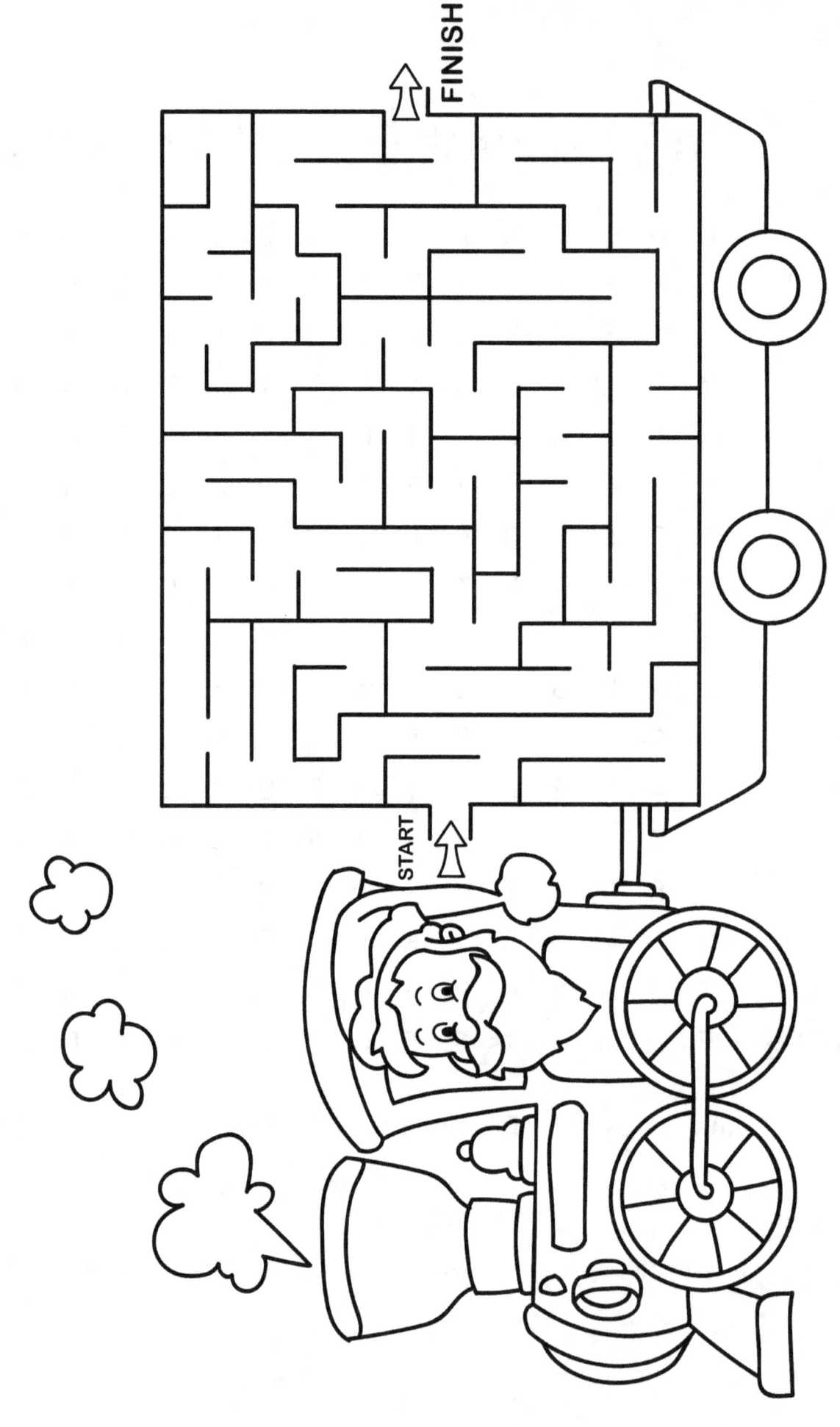

START

FINISH

SPOT 10 DIFFERENCES

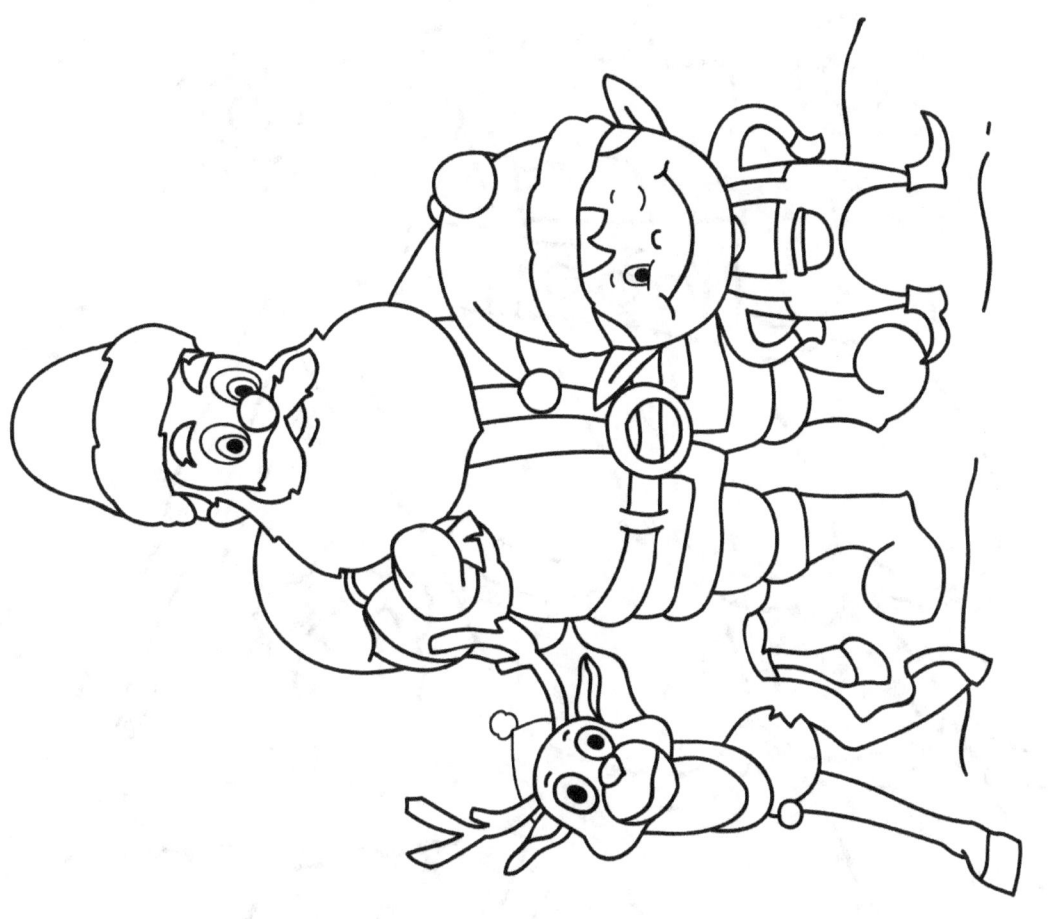

ANSWERS ARE ON PAGE 66

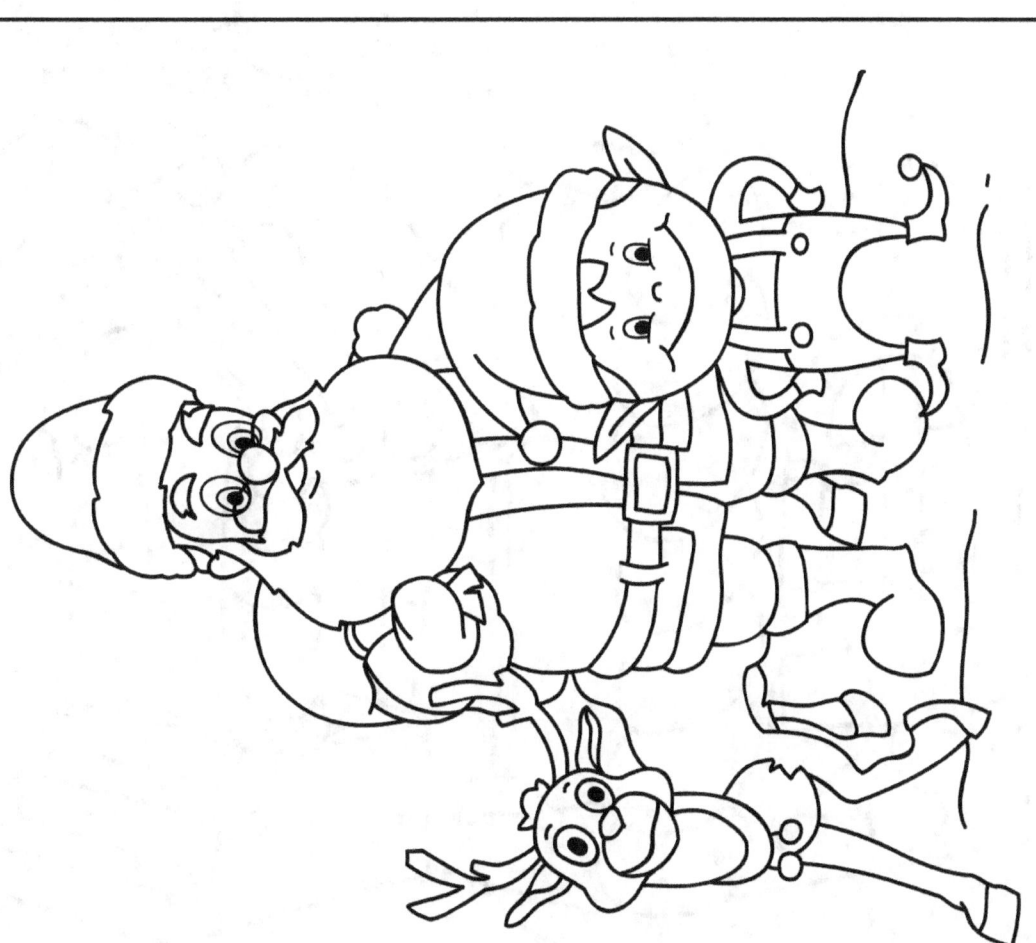

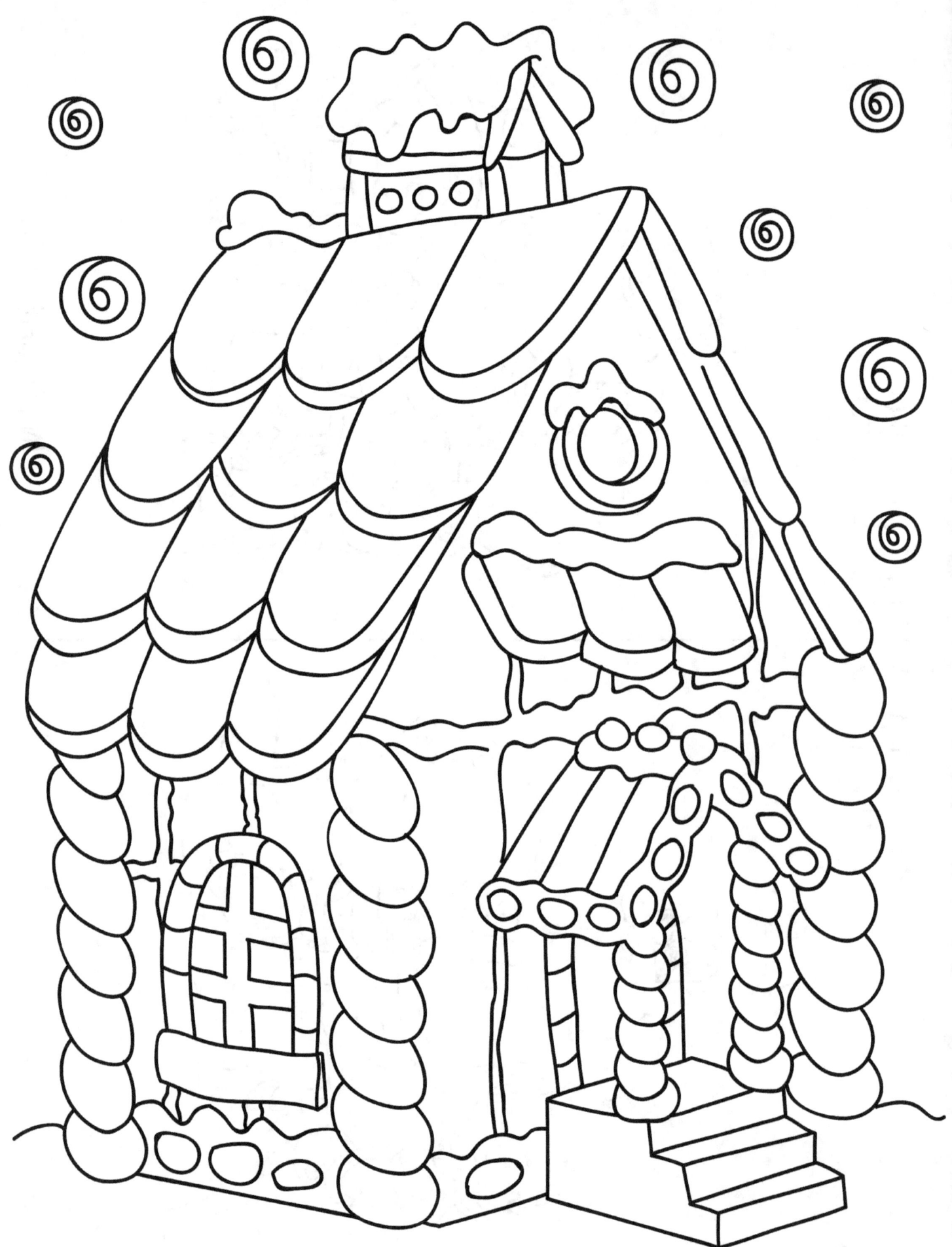

FOLLOW THE NUMBERS IN ORDER TO CREATE THE PICTURE!

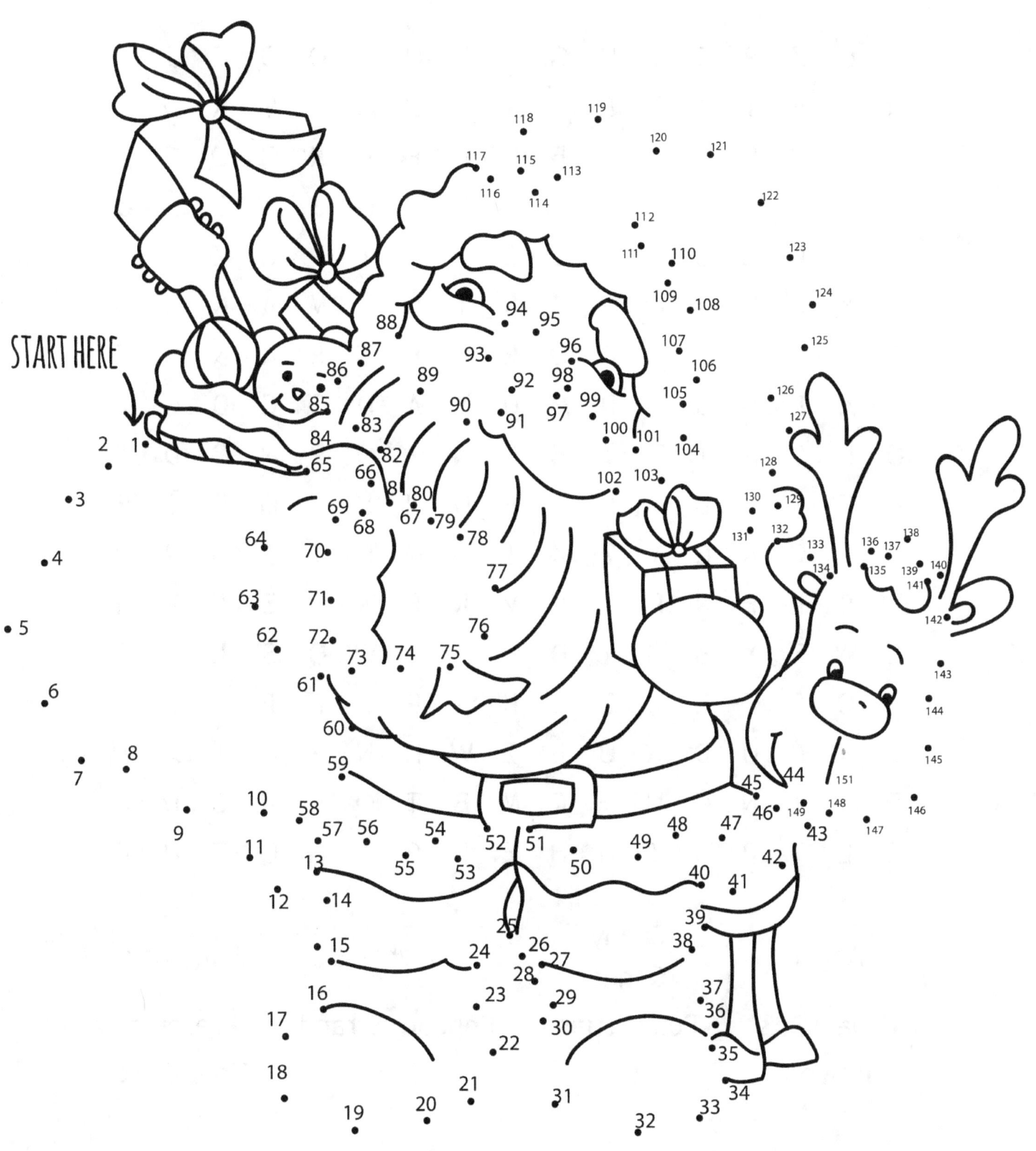

START HERE

Rockin' Around The Christmas Tree

```
J U Z R S T H G I L Q N O Q C J E
N C P Y A F R J T V O K O M K W C
D A R S T T L F N B F P K Q Q G V
W N G A H L S R B Y N U J W S C U
M D K G O E J I C O X I P G Z D V
P Y R K J G R J S T N E M A N R O
S C T P O P C O R N S T R A N D X
P A L M B G D M U Y A D Q C D C A
O N S A I T T E S N I O P N Q D I
P E S M B M E R E U H L H O P I P
I S G A C Y Z X I M M P T S N R O
L B L F N P T V V K F W T Z E R H
L W E X B G I D F L S W Q S L M E
O O S Z E X E J K J P E E F T U C
L X N U D A U L Z W N N E G I A W
P V I N G N M C M B T Q F R O D W
C E T P W T G H F S C A N Q T U E
```

Angel

Candy Canes

Lights

Lollipops

Ornaments

Poinsettias

Popcorn Strand

Presents

Ribbon

Star

Tinsel

Tree Skirt

HELP THE BOY GET THROUGH THE HOUSE AND TO THE CHIMNEY!

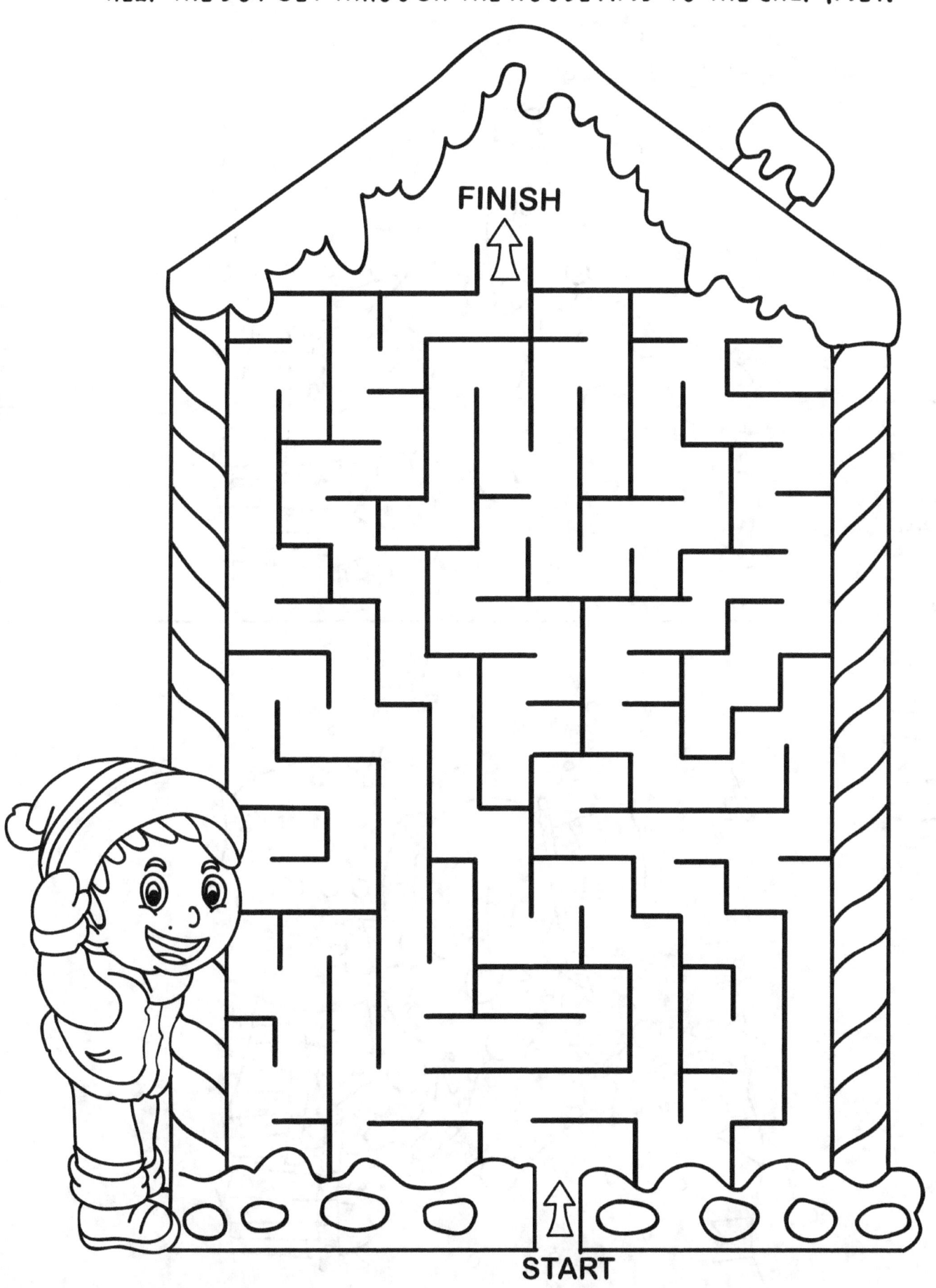

FINISH

START

SPOT 10 DIFFERENCES

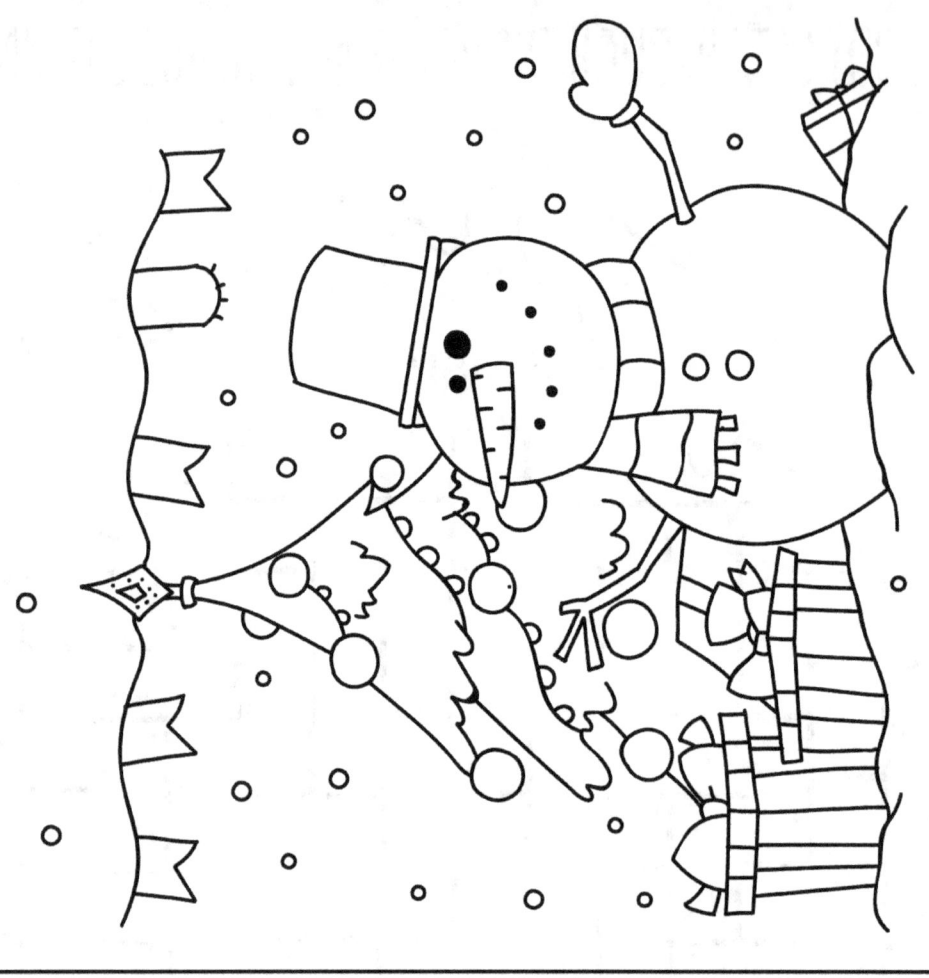

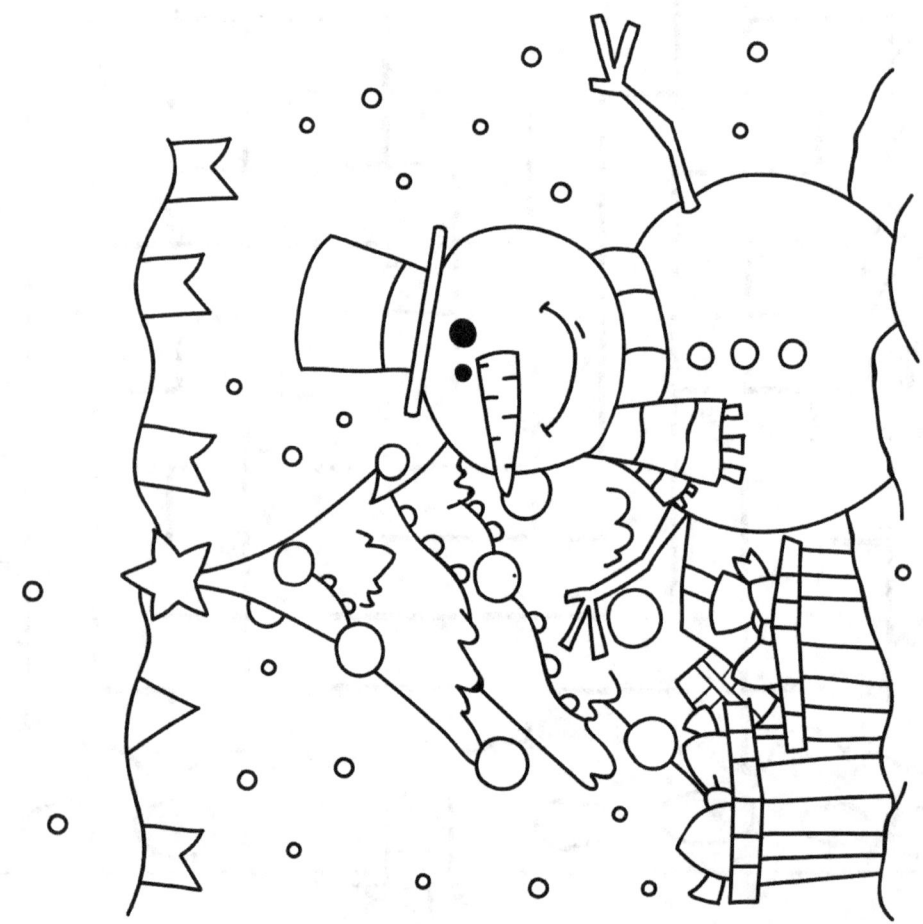

ANSWERS ARE ON PAGE 66

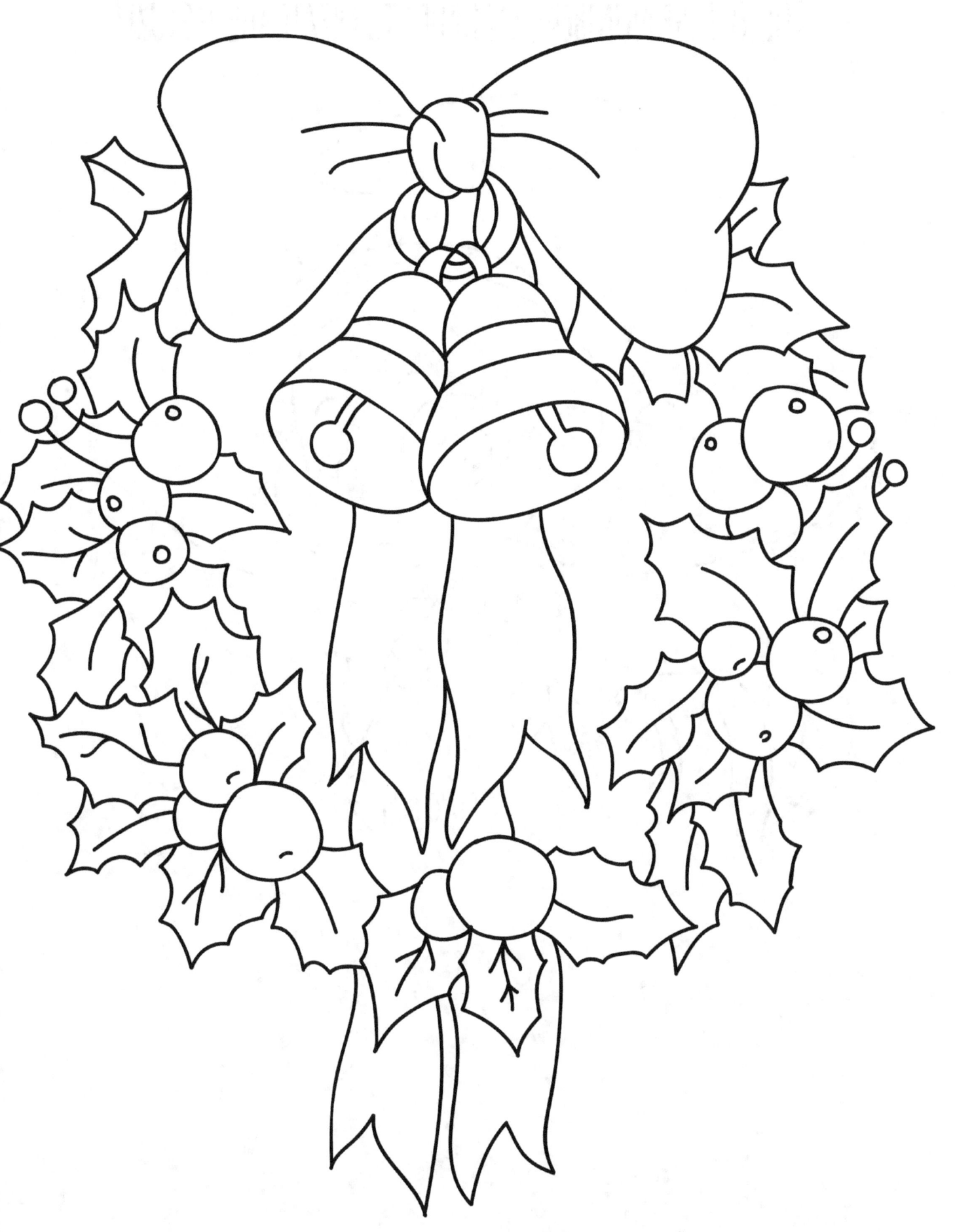

FOLLOW THE NUMBERS IN ORDER TO CREATE THE PICTURE!

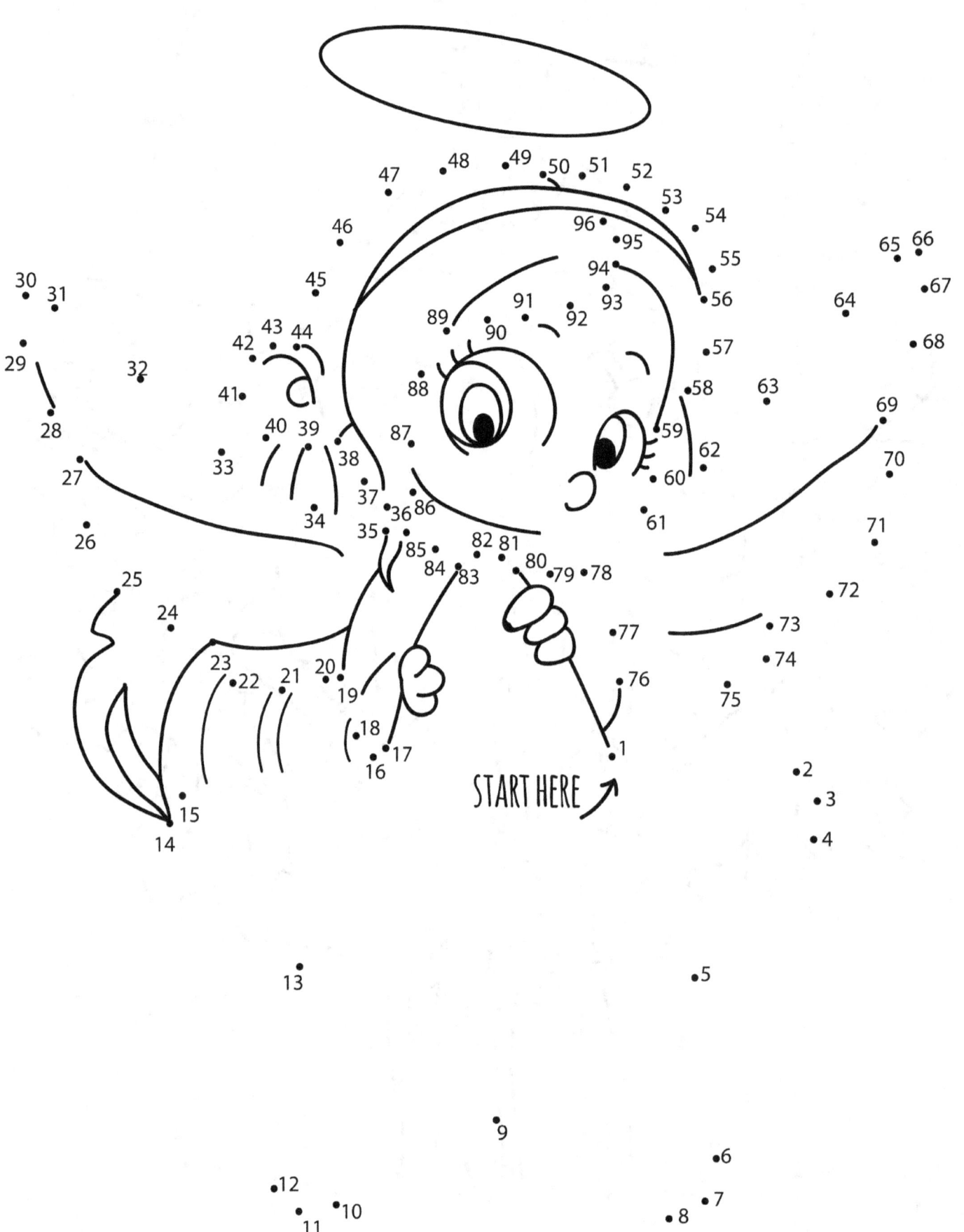

START HERE

Yummy In My Tummy!

```
K W S B R O W N I E S W F F S M K
U R X H P R R D B L W Q X G L S P
E X V T B C E Q I V Q A I G E K U
F K G M R O I J X A J N Y N Z C S
P E Z U N V N L A S G A Z I T I U
S T U N O D D I A E S K C D E T G
C J Y Y X O E N R N N G J D R S A
D D V V E T E B A A O N X U P T R
R C M W C F R I O P W S K P E N C
X A O N V E K G C U M E L Y T I O
E K X Q A J R V O W A K H G A M O
K E L D C K I W C Y N A O G L R K
O B M E Y Q S Y T R P C F I O E I
T A G P W M P W O Z O P B F C P E
N L Q I B Y I Z H N O U F R O P S
X L U Y F W E E P N P C O F H E T
V S F W Z V S H Z O N P W E C P Q
```

Brownies	Cake Balls	Chocolate Pretzels	Cupcakes
Donuts	Figgy Pudding	Gingerbread Man	Hot Cocoa
Peppermint Sticks	Reindeer Krispies	Snowman Poop	Sugar Cookies

TIME FOR PRESENTS! FIND YOUR WAY THROUGH THE BOX TO SEE WHAT'S INSIDE!

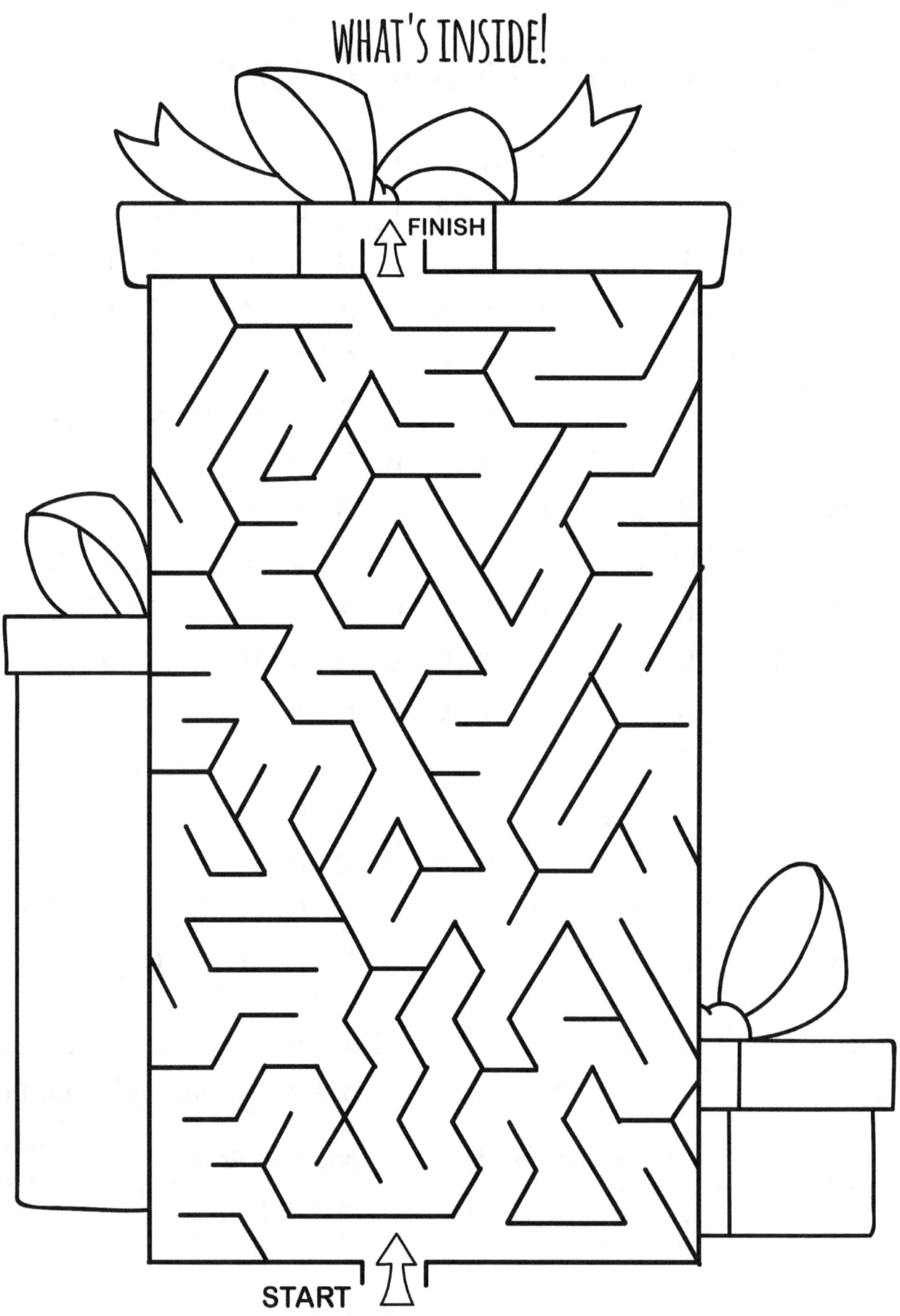

FINISH

START

SPOT 10 DIFFERENCES

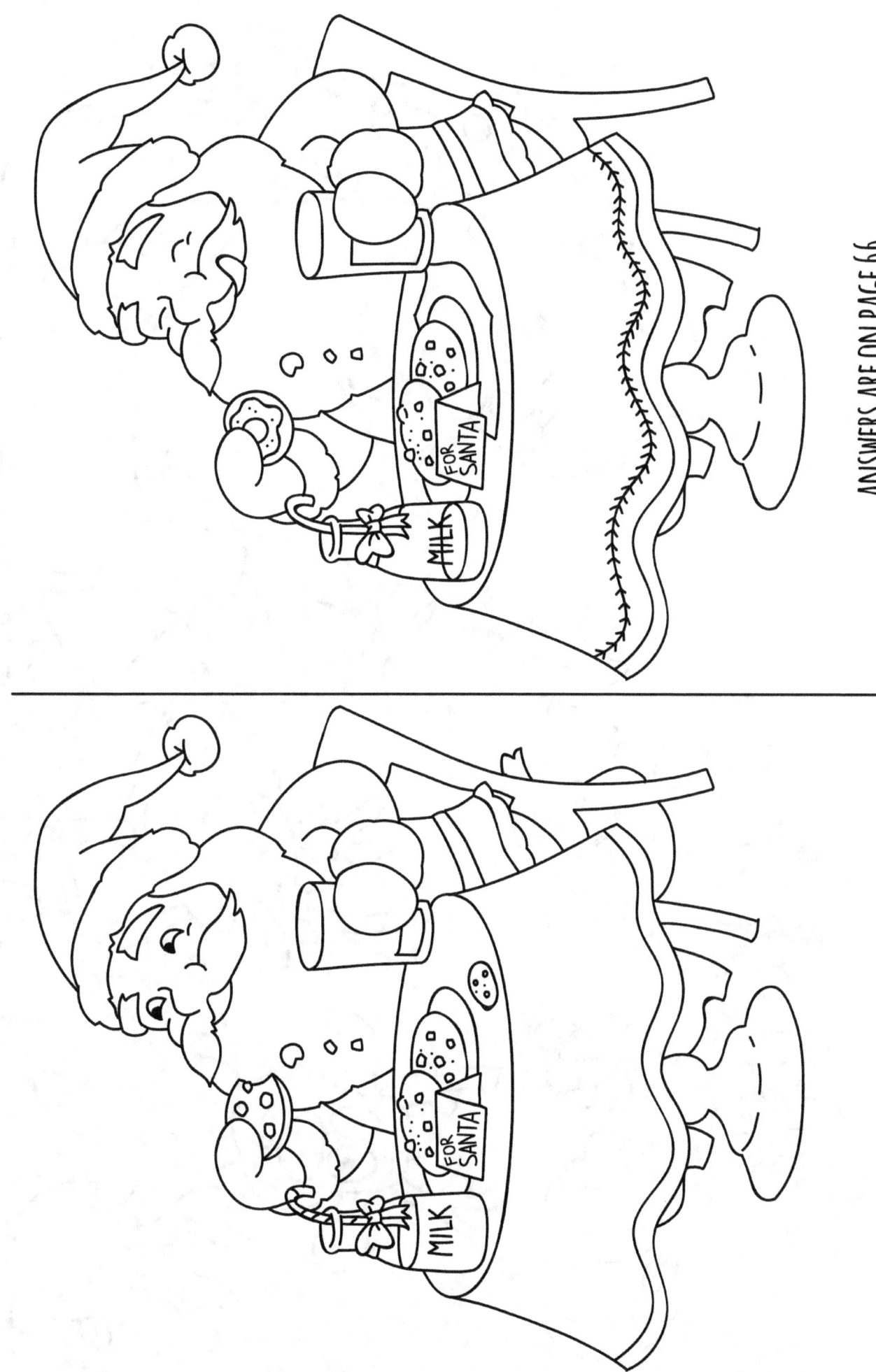

ANSWERS ARE ON PAGE 66

29

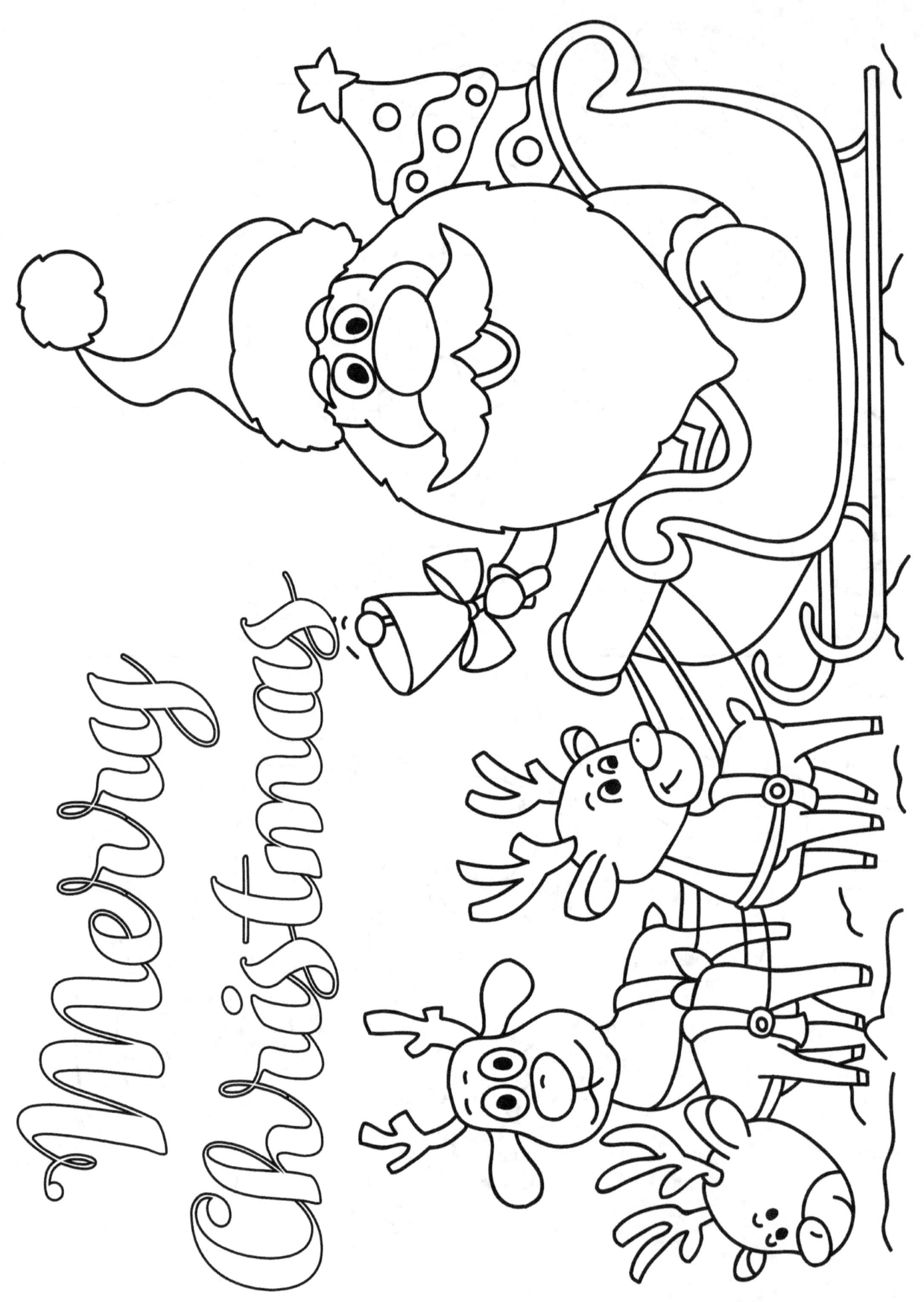

FOLLOW THE NUMBERS IN ORDER TO CREATE THE PICTURE!

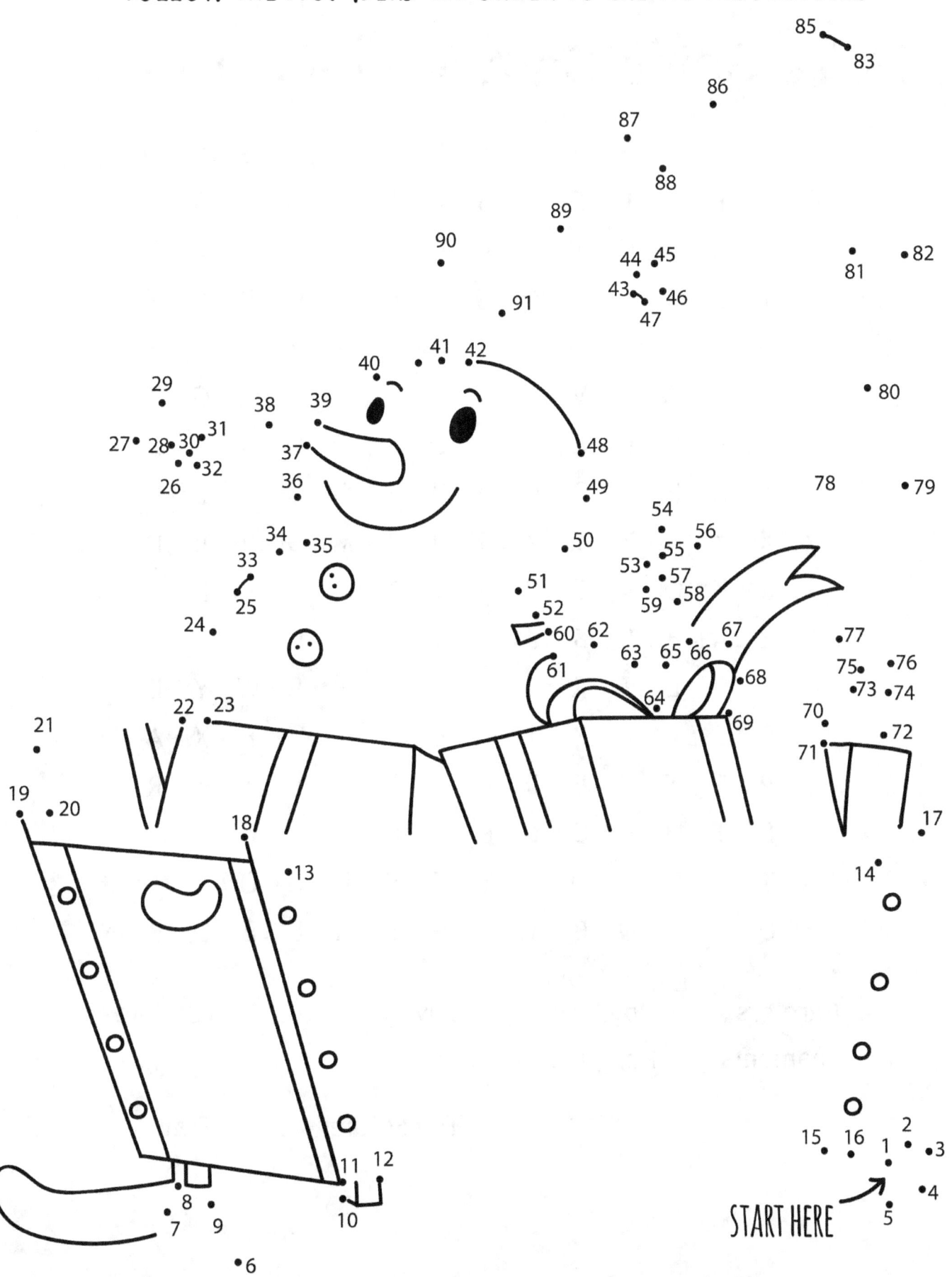

START HERE

We're Going On A Scavenger Hunt!

```
M W O E L R F Z F N Y L G S M O F
I C A R O L E R S N E E N V S G R
J O Y S I G N T F G I I T W L B G
L L Y K K S N N G I U Q O D E T G
X P H Z E E W C B G L P Y L I E V
O T D V M N V N N A Z E S K G T V
D H I A P R E E L O S E O K H E Q
Z C N N R M P C P Z K Q L T L D X
Z R X X H Y Y Z V A M D P L D J
O S J K O A Z Y F Y T O I M B Y M
A A E A B S S J F Y T F E R E B D
F L C P L T R A I N C I R W Y E Y
T A F J V L K I V B S X V F X A P
T G P S T N E S E R P M L I Z R R
N O R T H P O L E V H W A C T I W
Q Y T S N O O P Y G D R G Q T A K
X D Q J N O B Y Z G F A L B D B N
```

Carolers	Joy Sign	Nativity Scene	North Pole
Ornaments	Penguins	Presents	Sleigh
Snoopy	Teddy Bear	Toy Soldier	Train

HELP THE ELF GET THROUGH SANTA'S SLEIGH TO HELP LOAD THE PRESENTS!

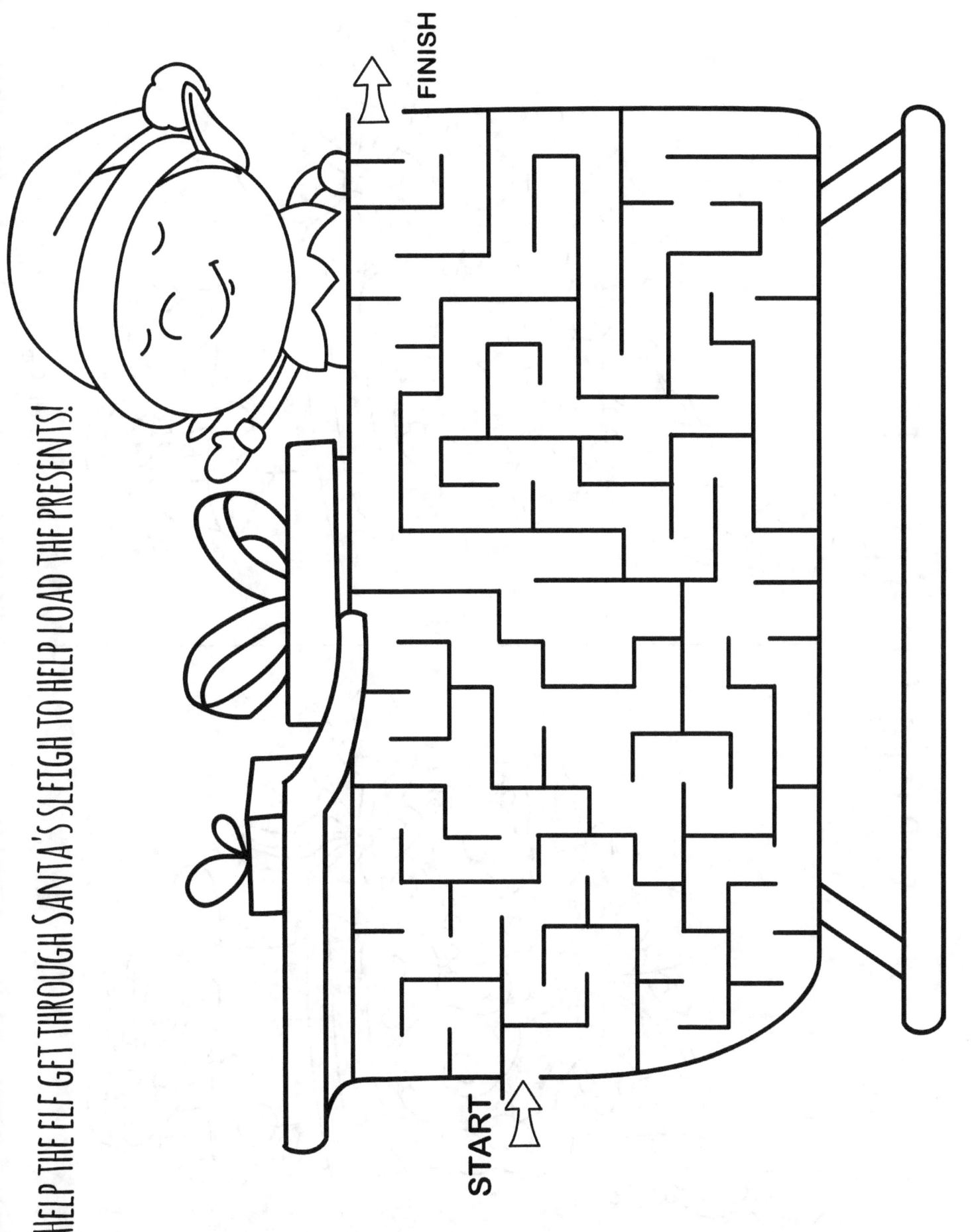

FINISH

START

SPOT 10 DIFFERENCES

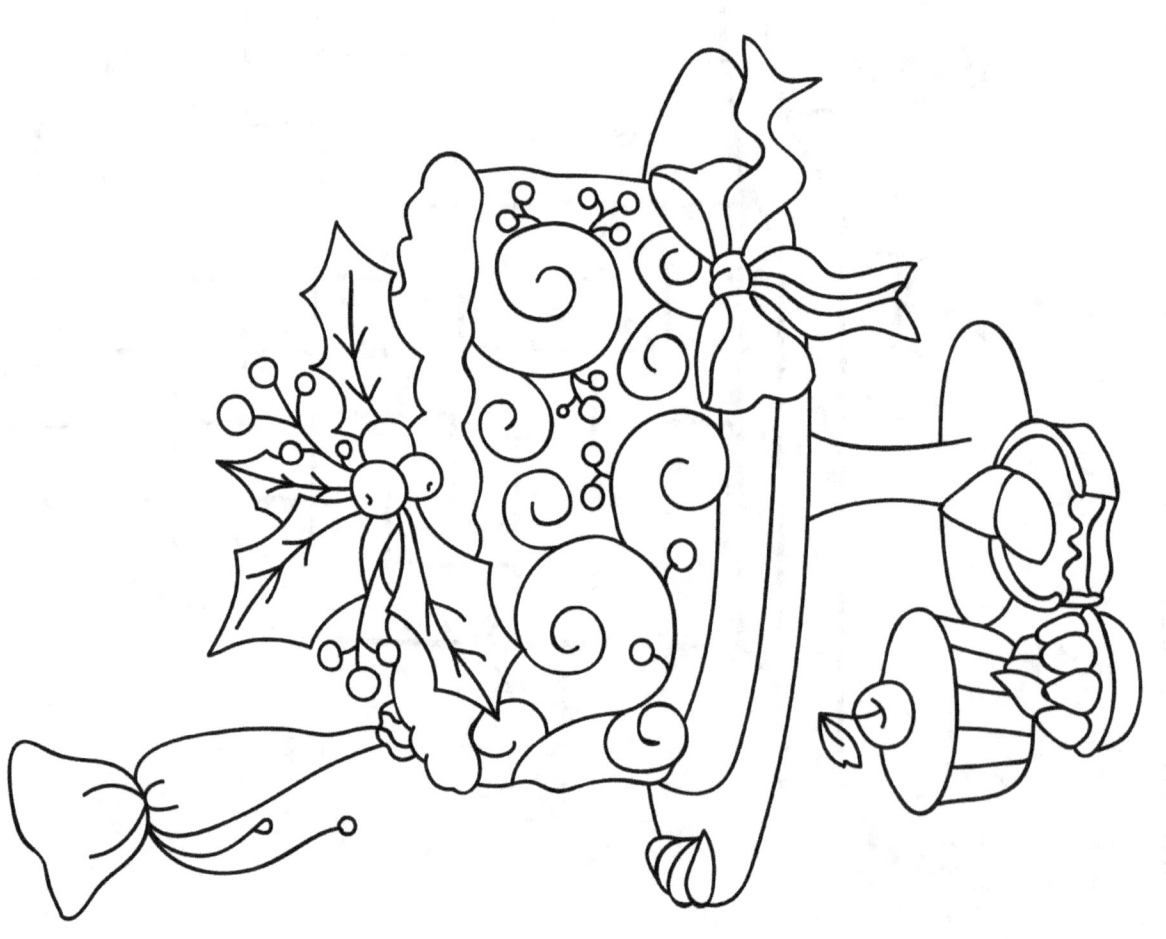

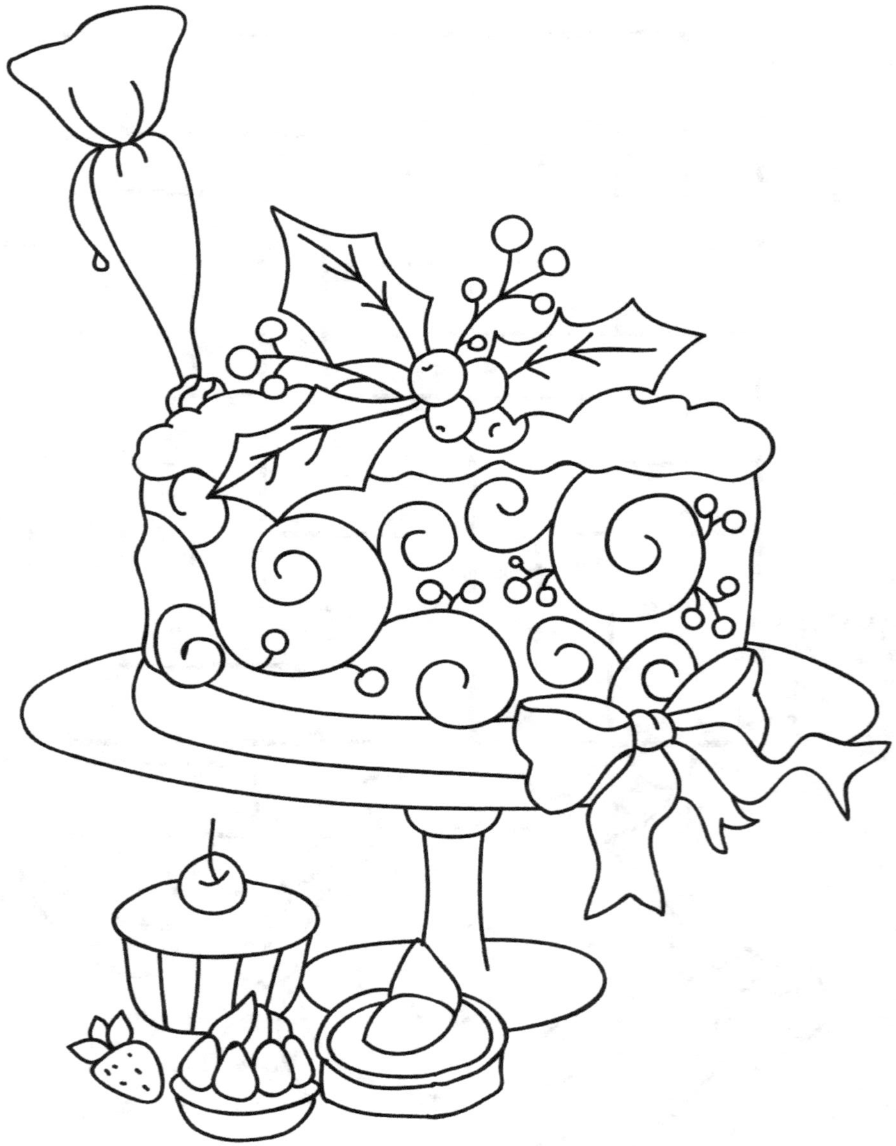

ANSWERS ARE ON PAGE 66

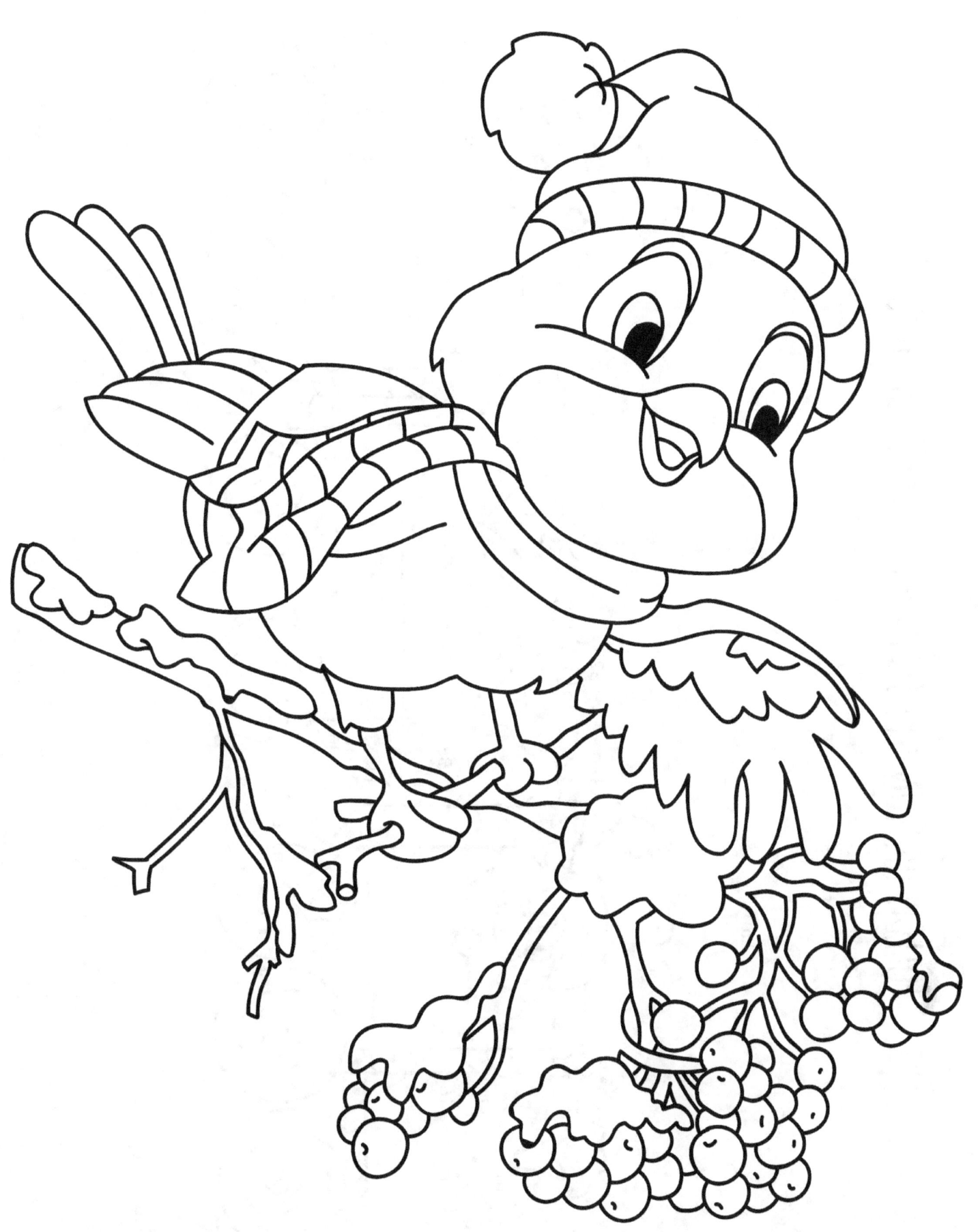

FOLLOW THE NUMBERS IN ORDER TO CREATE THE PICTURE!

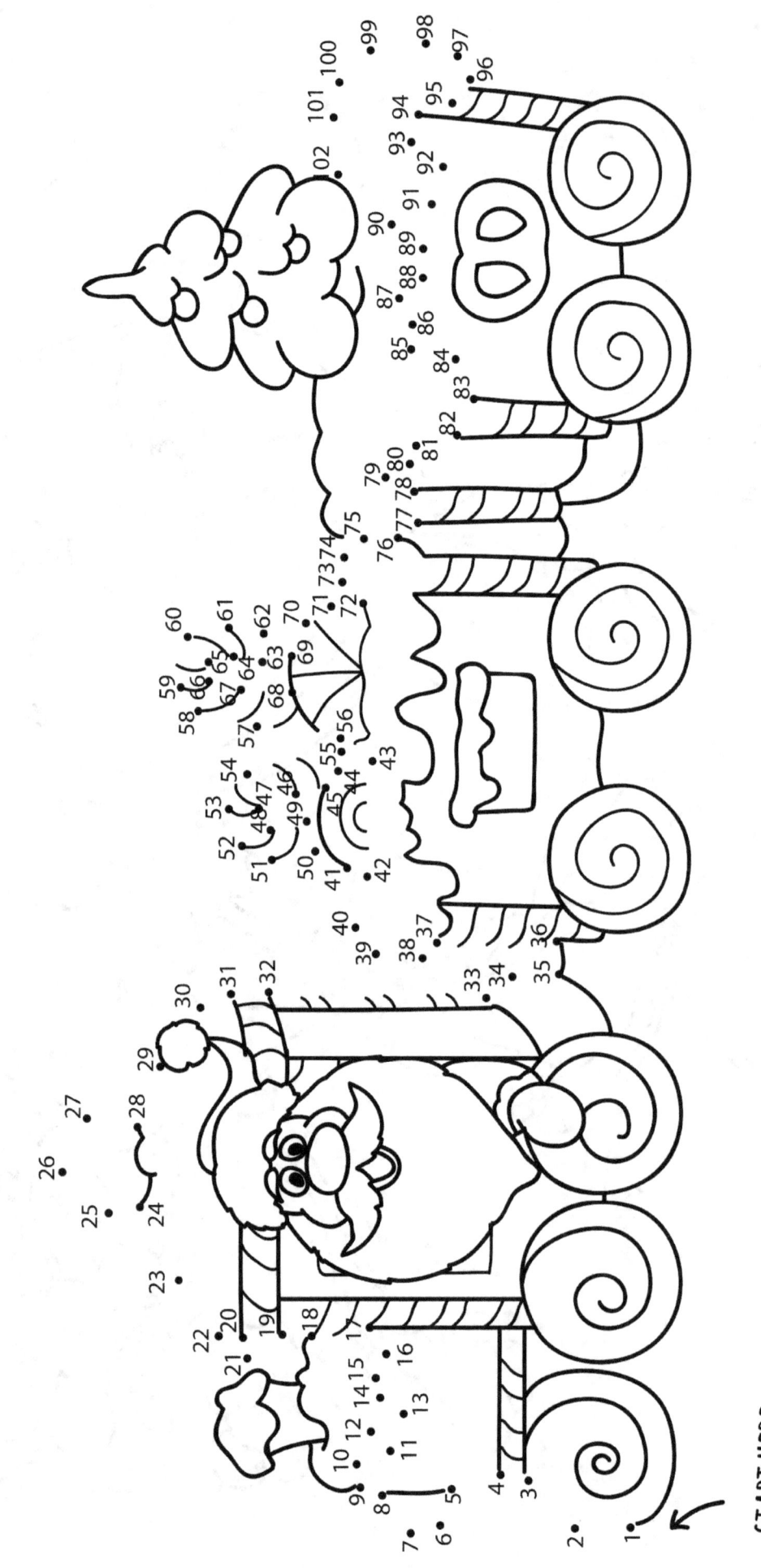

START HERE

Go Out And Play!

```
S D Q P H S F X J F V R S W Q Y G
V N A U S H O V E L R A C I N G N
D L O V G N I T A K S D E E P S I
E H O W N F O S I U Q A J Z E W B
N M F G R O K W U F M I O O E D U
I N M P N U T J B V M K Q G B E T
B R E E Q I G E G O W S U C L L W
M V H I S R L B L T A L L U S O
O U P J N K B R Y E Q R S L Y G N
C E B C C K U D U J K B D V B O S
C Z R Y S D E W X C U S B Q N D F
I E S T S L L G O Y E K C O H Y J
D Z R X S H U W X R E U K H Q E T
R J O B B X K N I E T A K S E C I
O C O E C O L O P W O N S J T U V
N B S J A T Q F L Z B Z U V E V Z
Y N N E M G N I E O H S W O N S A
```

Bobsled	Curling	Dog Sled	Hockey
Ice Skate	Luge	Nordic Combined	Shovel Racing
Skeleton	Ski	Snow Polo	Snow Rugby
Snow Tubing	Snowboard	Snowshoeing	Speed Skating

HURRY! HELP SANTA FIND HIS WAY THROUGH THE CHIMNEY, SO HE CAN DELIVER PRESENTS!

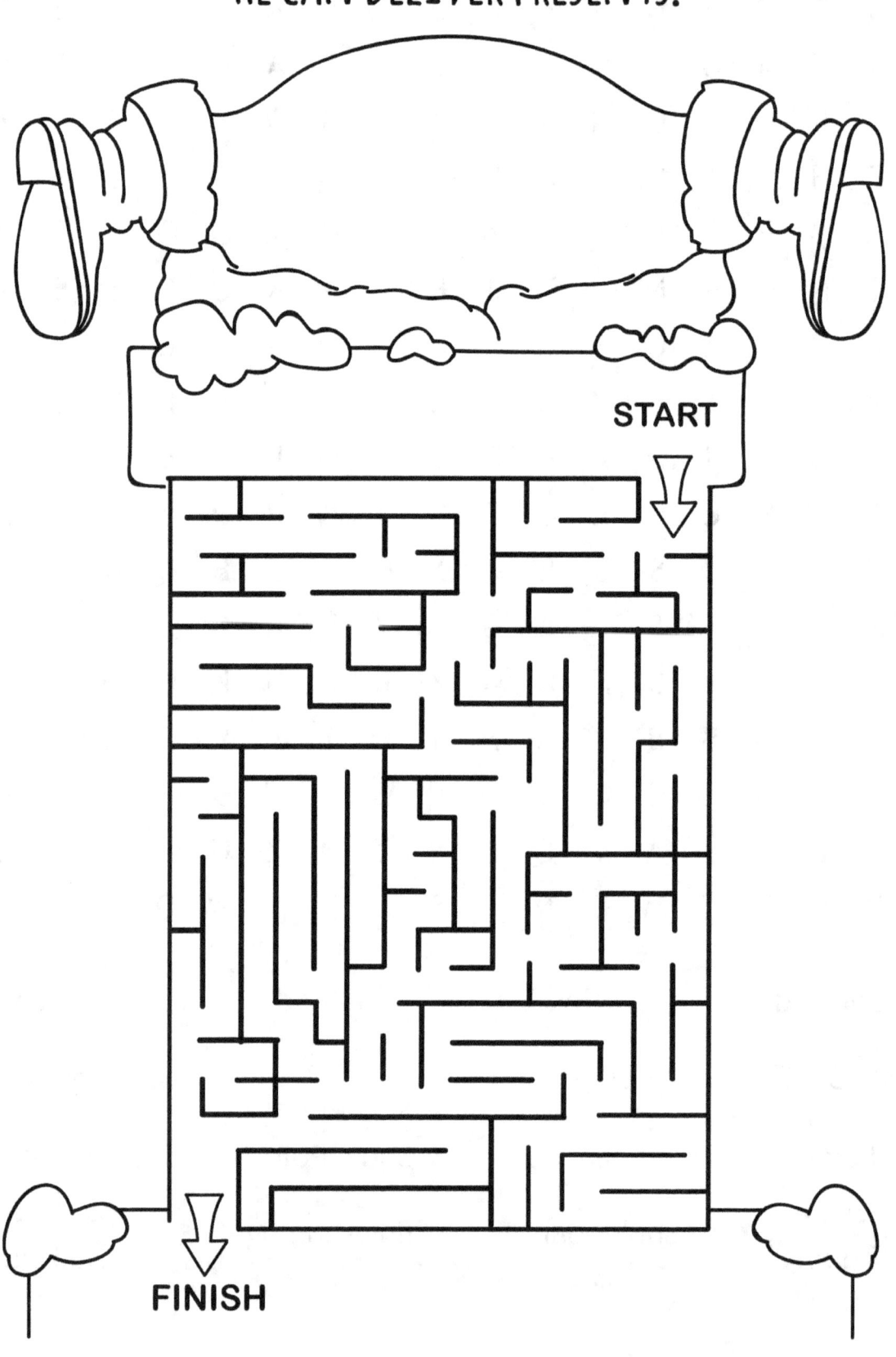

START

FINISH

SPOT 10 DIFFERENCES

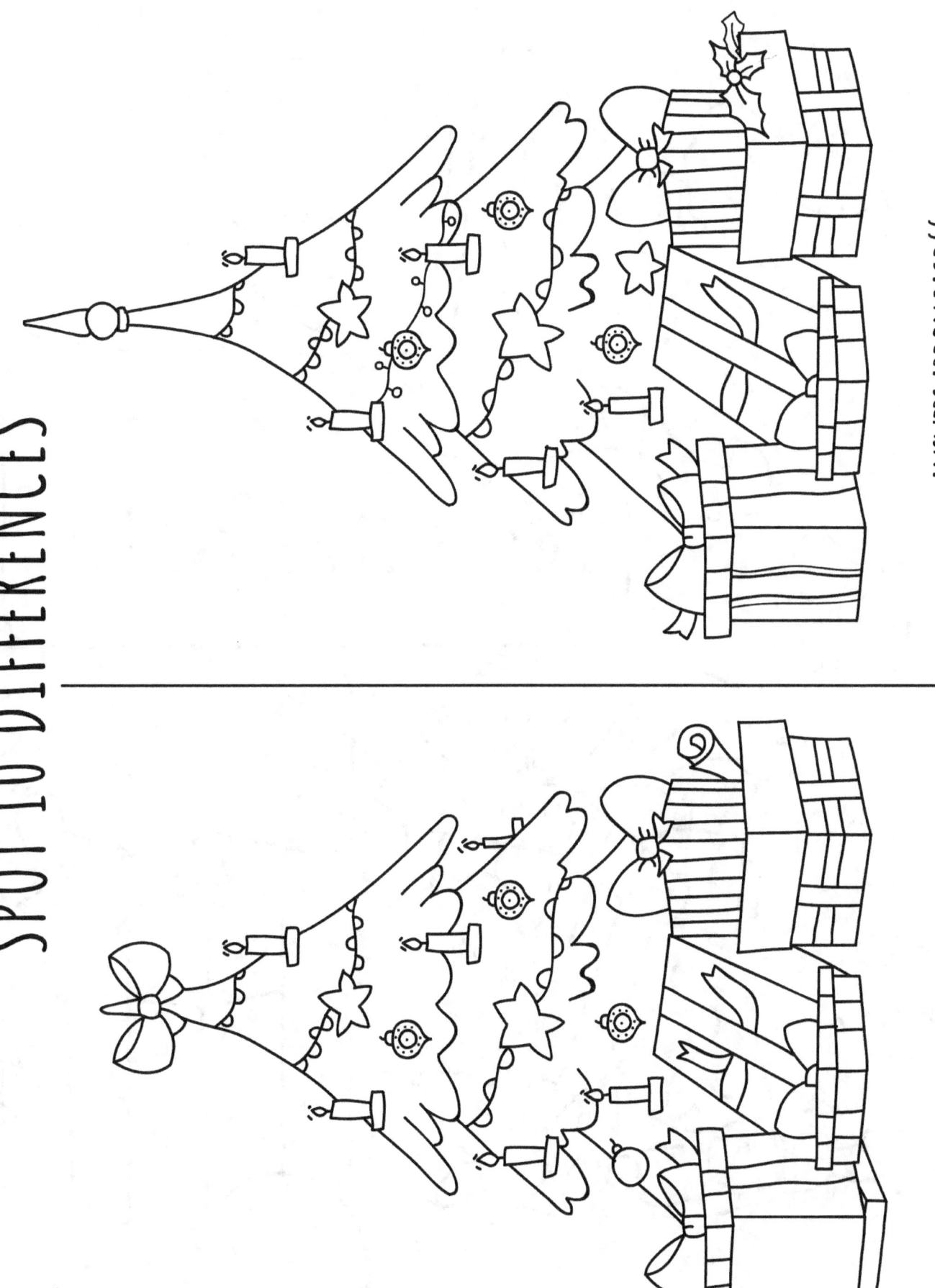

ANSWERS ARE ON PAGE 66

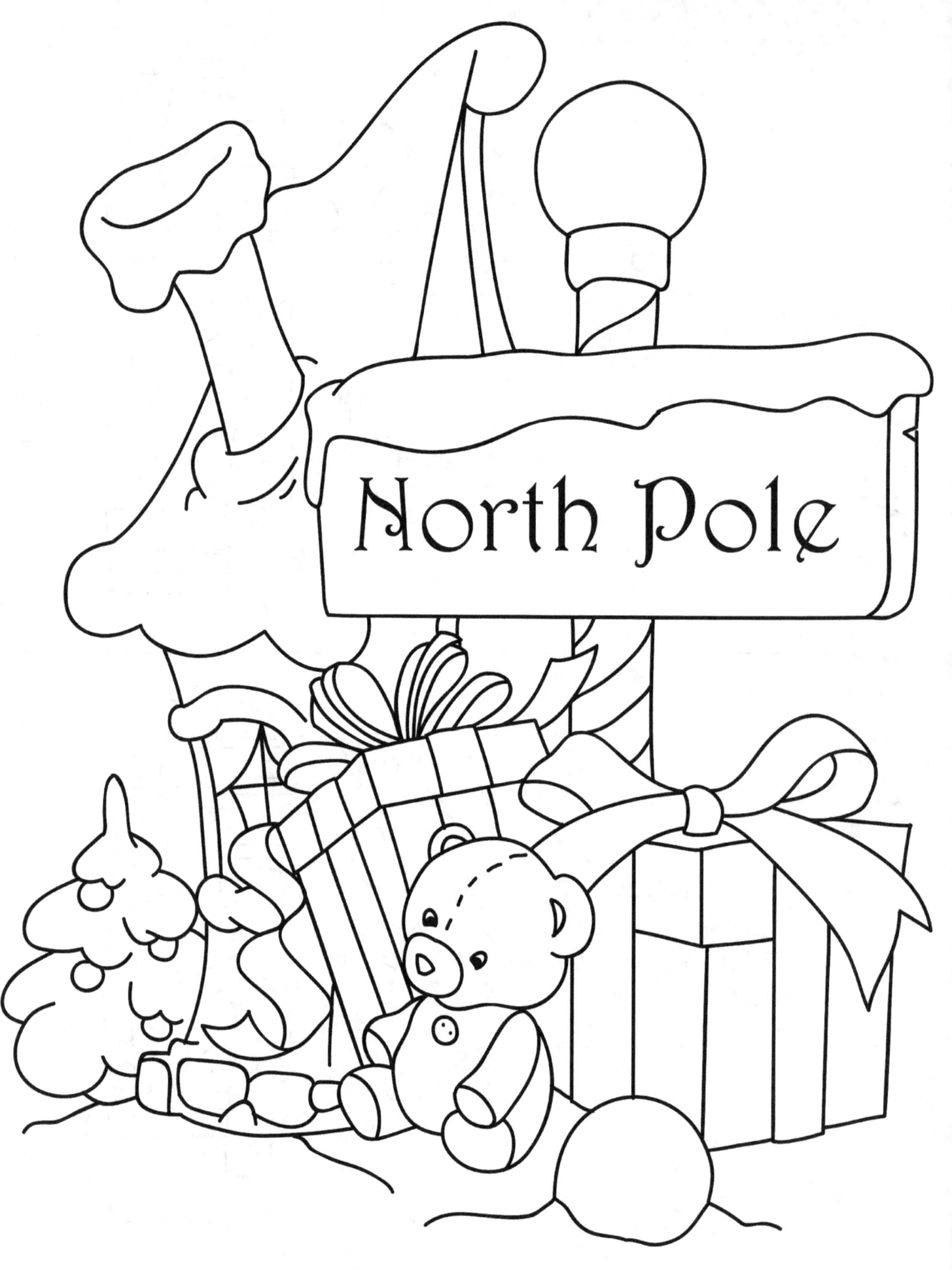

North Pole

FOLLOW THE NUMBERS IN ORDER TO CREATE THE PICTURE!

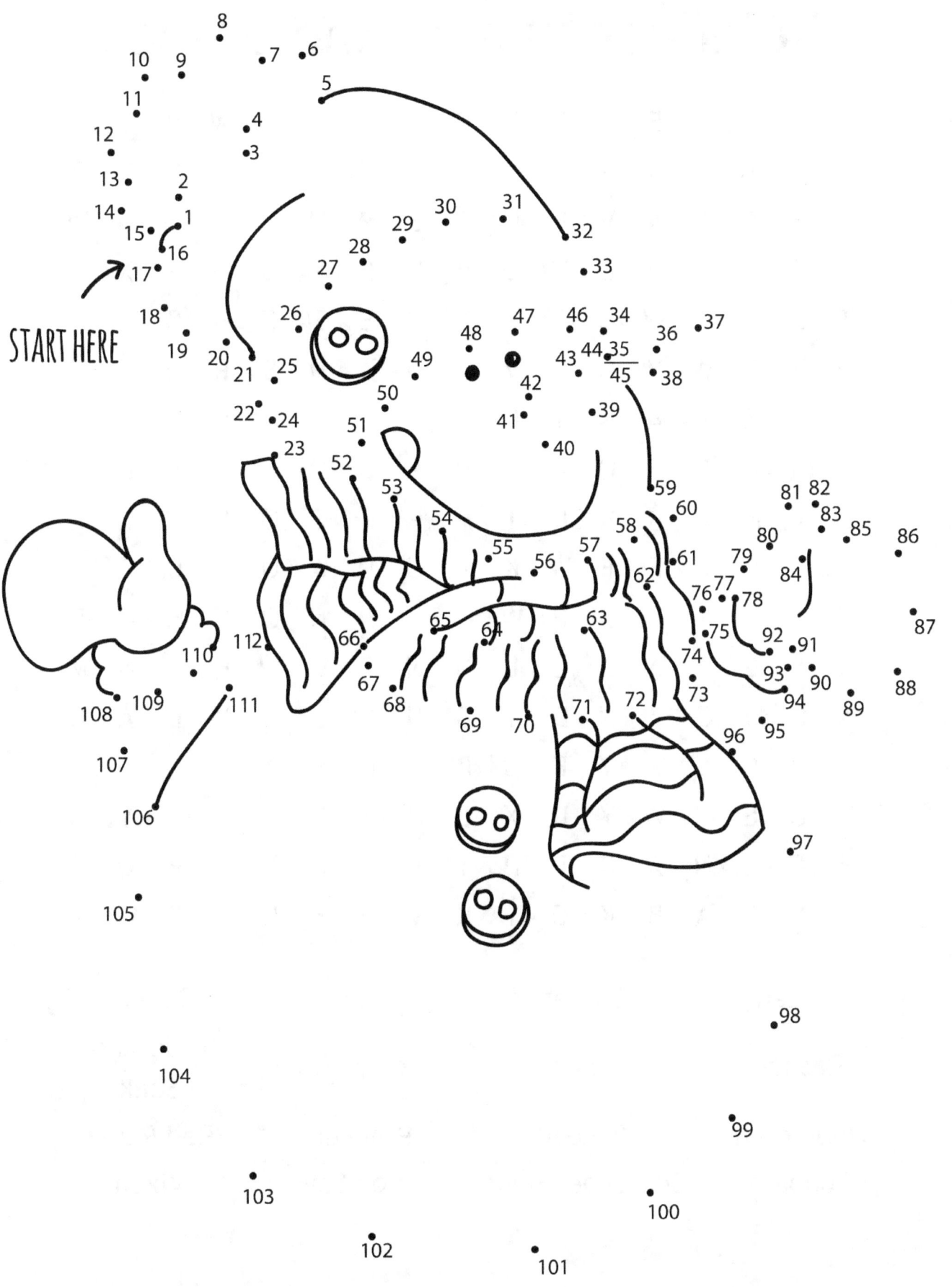

START HERE

Reindeer Names And Games

```
Q G A T E Z E E R F I V E W V E T
S I M O N S A Y S C G V D H Y V Z
H E S C A V E N G E R H U N T N W
C E R Y R E V O R D E R U N V X I
T K Y O W B P L Y P E Z F H Q T W
O Y E W Y G M V B H A H S R H H X
C J E L A N Y P S D T I Y B S D R
S A C L E Q R A R I B D F D S E C
P V M B K R D I H P K E O S N R W
O I Q L E F W K Z U D A Q N D E T
H R M I R B P W I C H N O Y H C E
S F G T W U L L N N R D W E J N M
W O J Z Z N D I B N N S H Y E A O
L Y C E P V E O R A G E W K Q D C
Z O E N W Y U X L U S E E I K Y W
R E C N A R P P I P D K Y A E Q P
P L L A B K C I K V H F E B B W Z
```

Blitzen	Comet	Cupid	Dancer
Dasher	Donner	Freeze Tag	Hide And Seek
Hopscotch	Kickball	Prancer	Red Rover
Rudolph	Scavenger Hunt	Simon Says	Vixen

Find your way through Santa's bag of gifts to find yours!

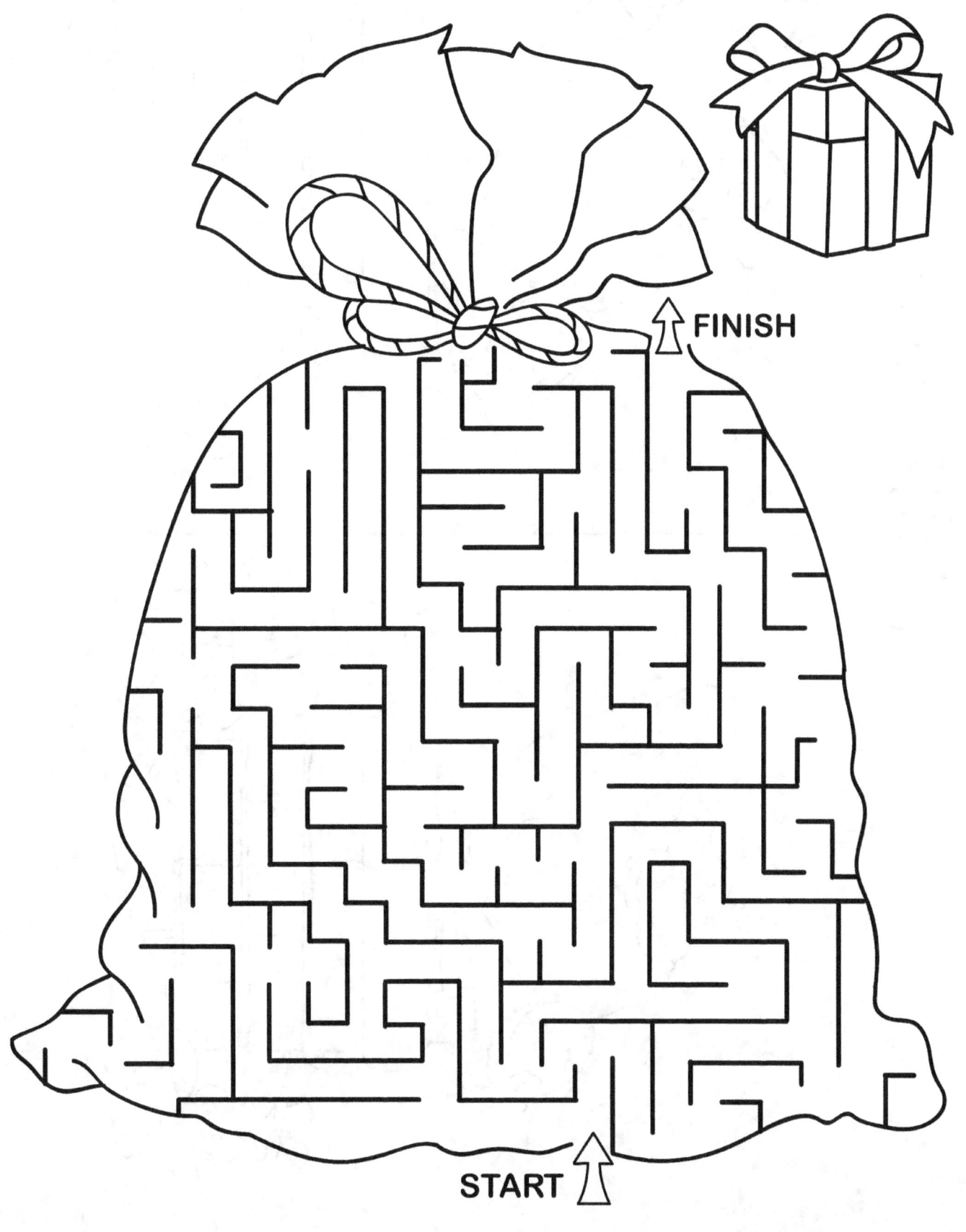

FINISH

START

SPOT 10 DIFFERENCES

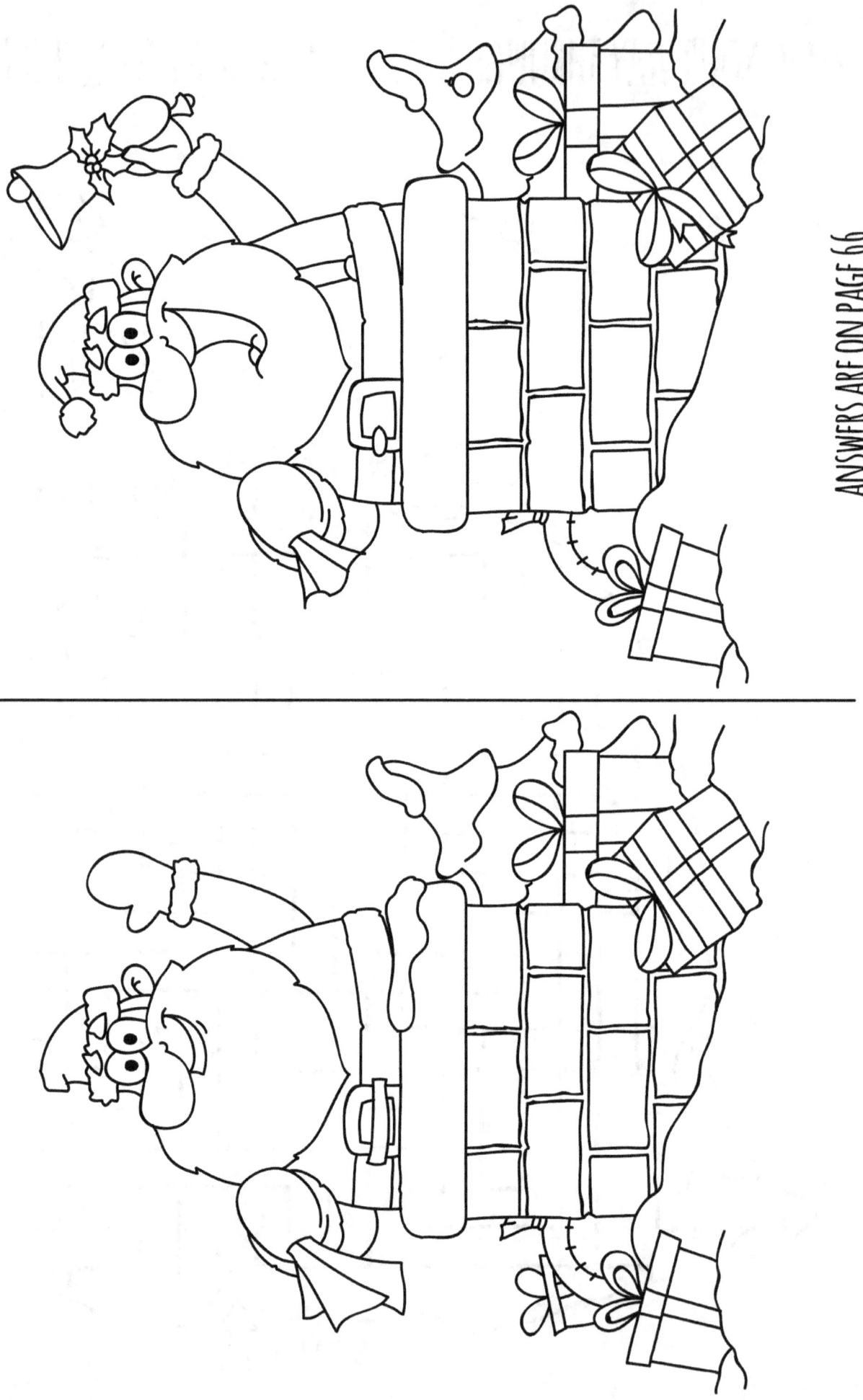

ANSWERS ARE ON PAGE 66

44

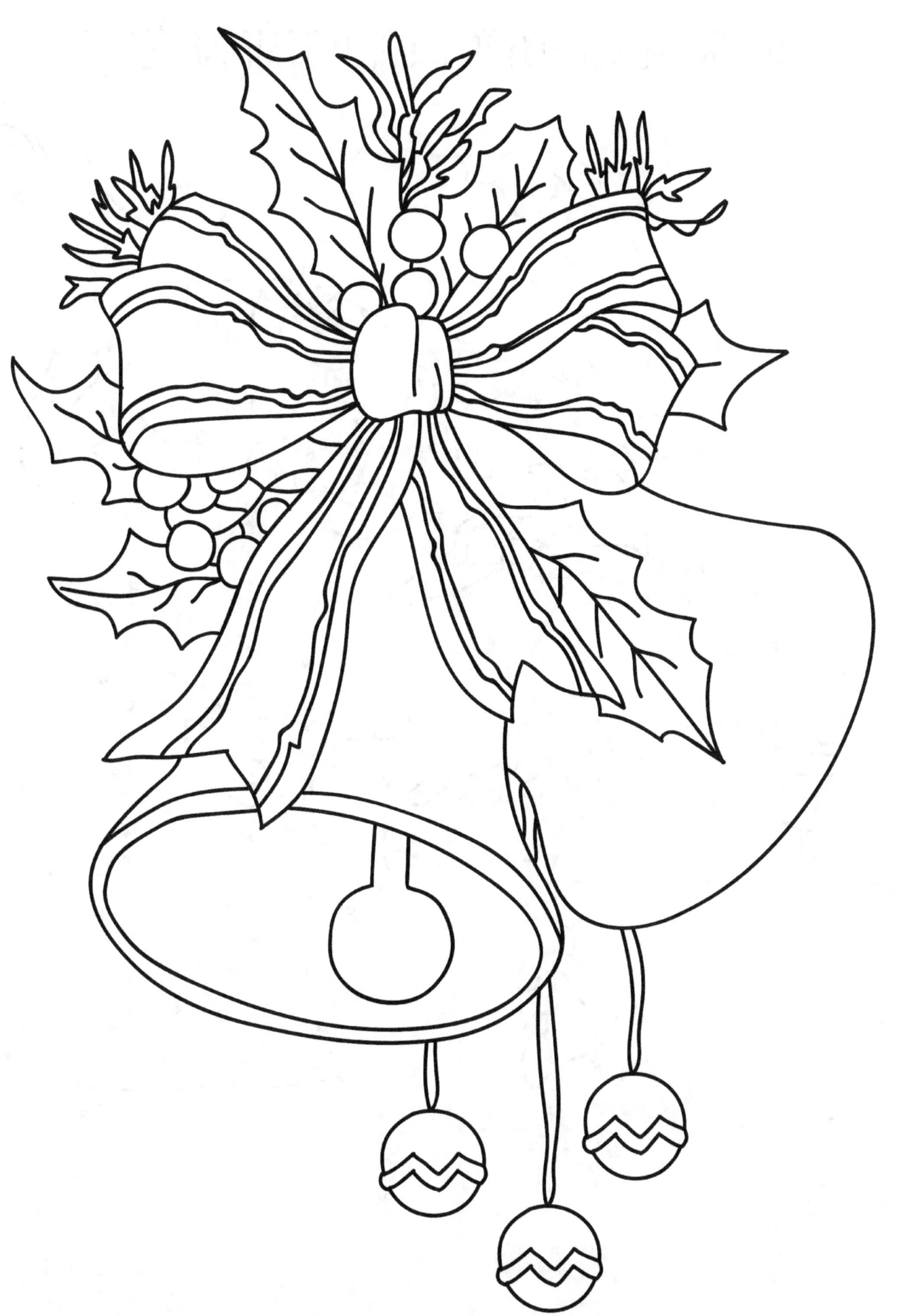

FOLLOW THE NUMBERS IN ORDER TO CREATE THE PICTURE!

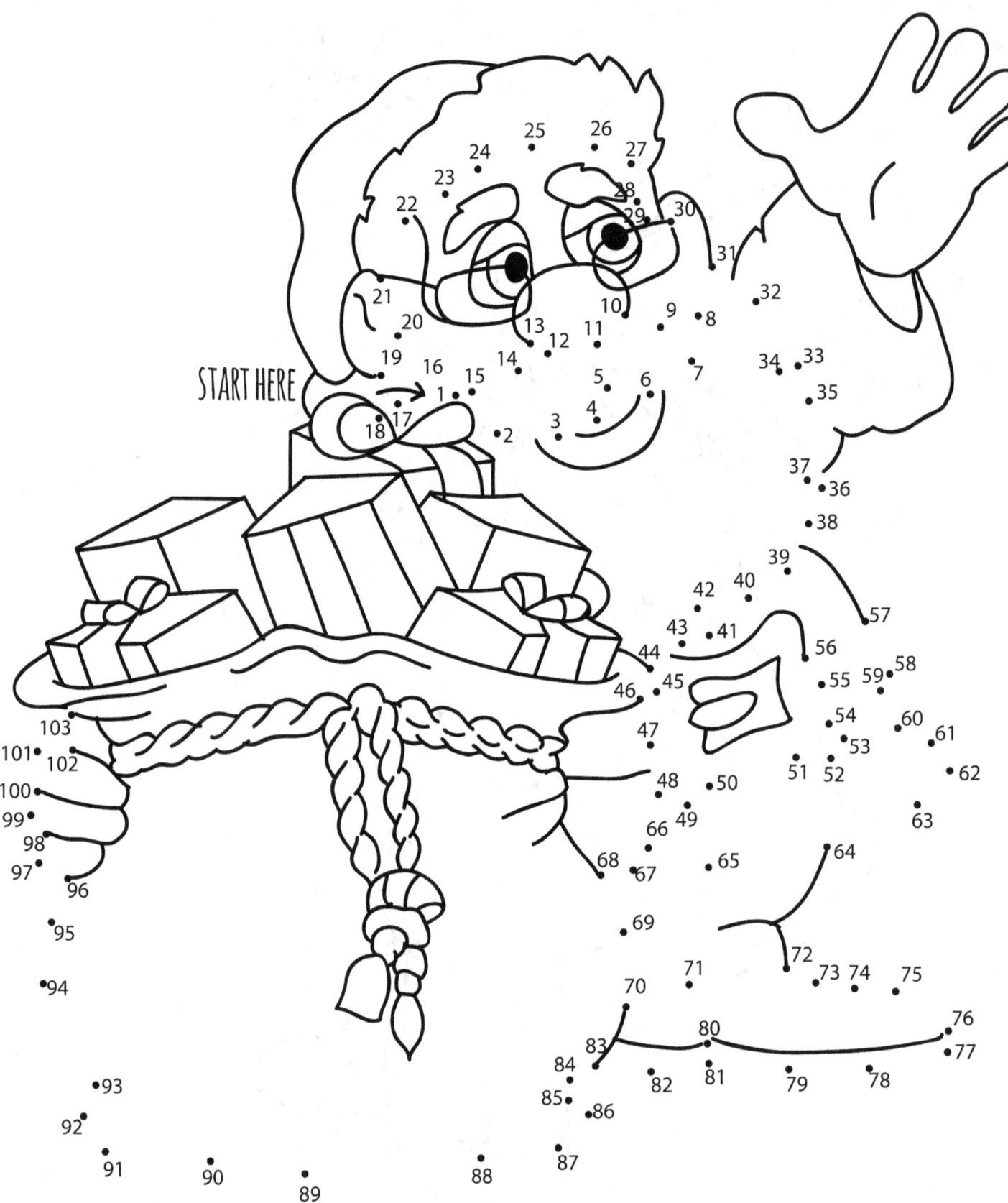

START HERE

Santa's Workshop

```
G W W C T O Z I I N J Y B S R O D
B H S S R S E L B A T K K O K H D
T E I H E R B E C I V G B Y G A H
O L L L U X T Z I H X P T I J U W
Q W B L E A K W W Y G W E A C I D
E H Y S S T E M V A F L M D G J P
L Z G L R V T A B H S F O Y S C S
B F C Y A E W E K F T L A E Q H T
V Y O Y T O E Q R E L N G N E X H
N M O R I H C D D S R T O Y L E G
N U K X D W H D N W P E J J V N I
F E I T Q S Y D S I Q I M N E F L
C P E F Y B J X P F E K H M S Z W
A B S I E M N I A A L R Z M A K C
B N I A V U Z U M I U P P H O H T
X B R R I X P O M H J Q X W A U W
Z H D A X N Z K L Z D X U O U A E
```

Bag
Bells
Coal
Cookies
Doll
Elves
Hammer
Letters
Lights
List
Maps
Milk
Reindeer
Sleigh
Tables
Teddy Bear

TIME TO DECORATE THE TREE! FIND YOUR WAY TO THE CENTER OF THE ORNAMENT!

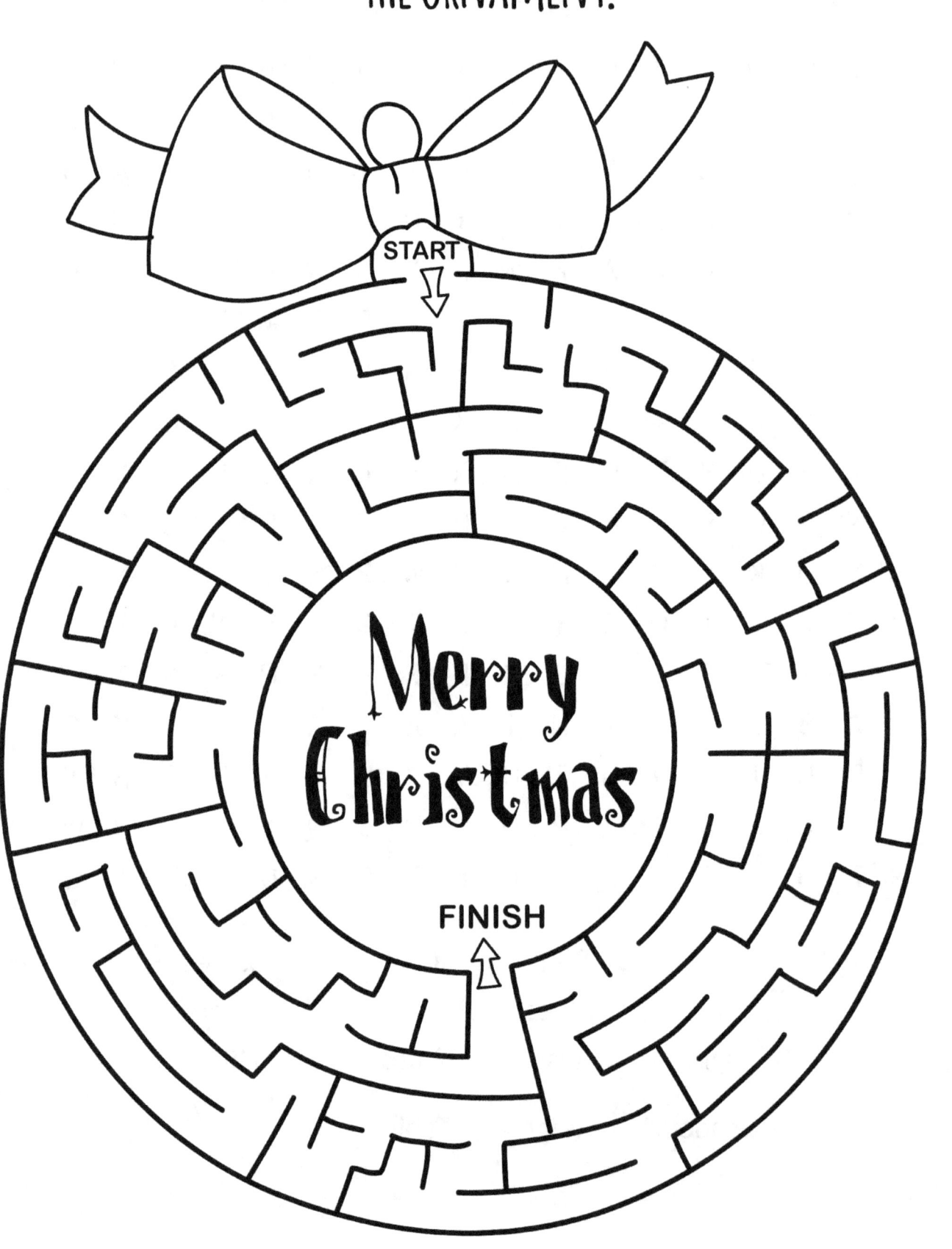

SPOT 10 DIFFERENCES

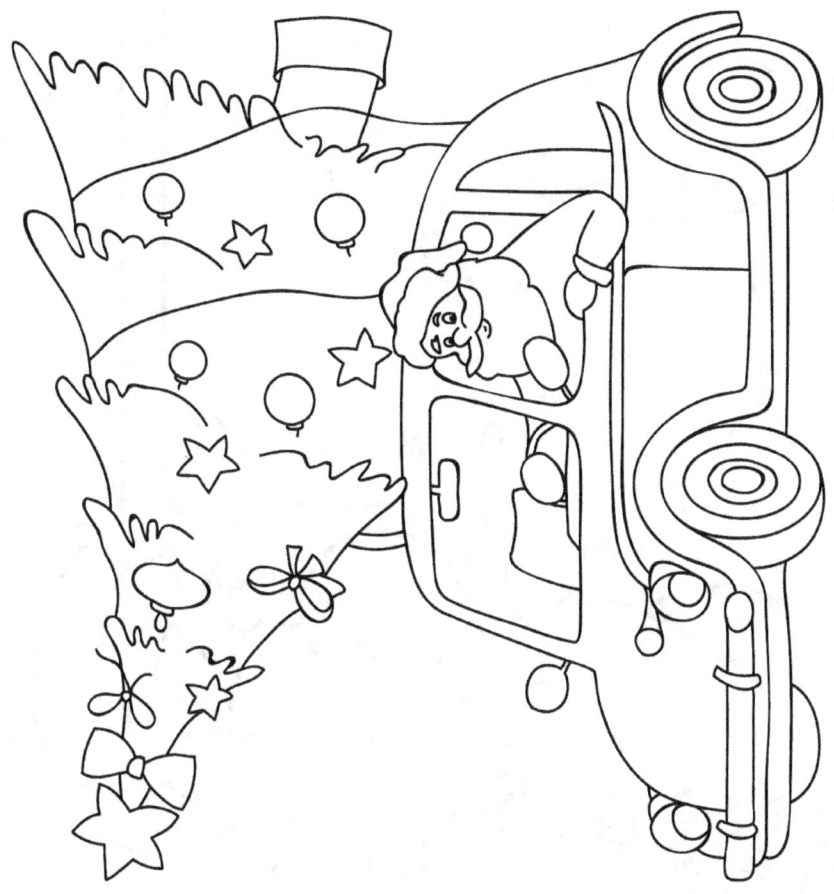

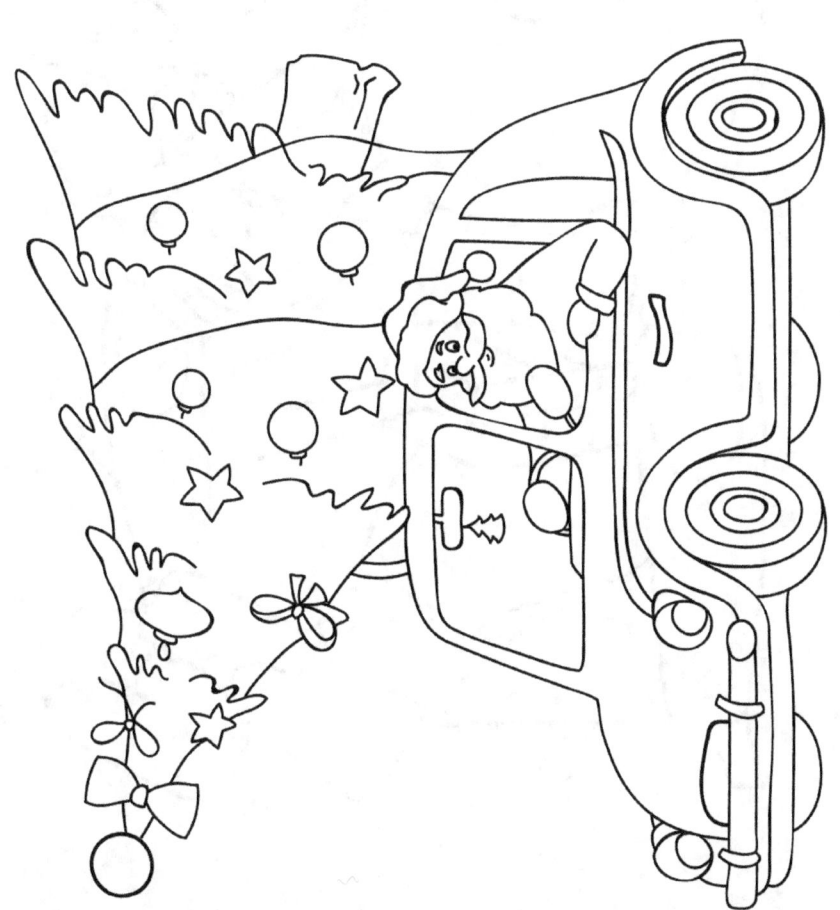

ANSWERS ARE ON PAGE 66

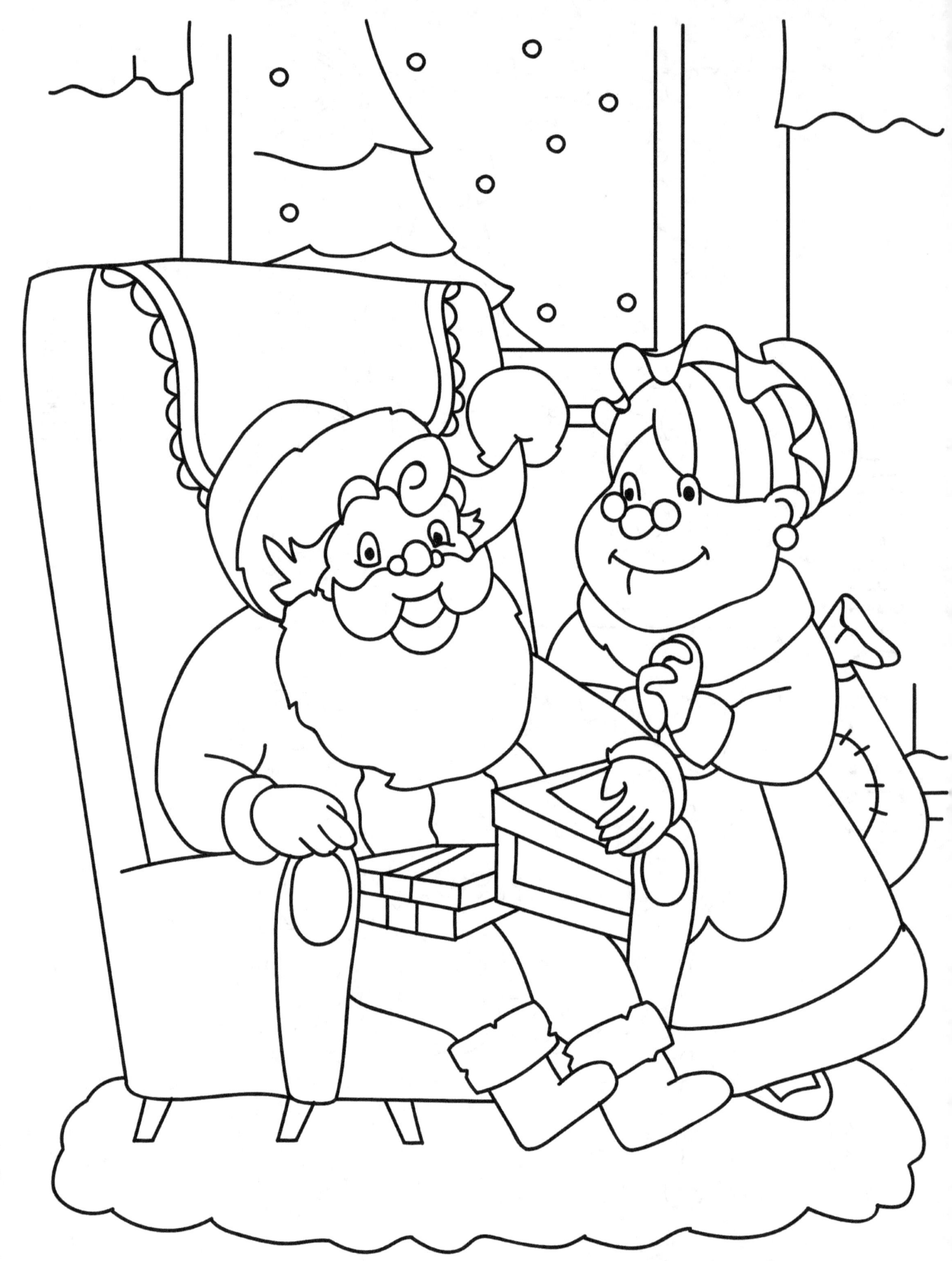

FOLLOW THE NUMBERS IN ORDER TO CREATE THE PICTURE!

START HERE →

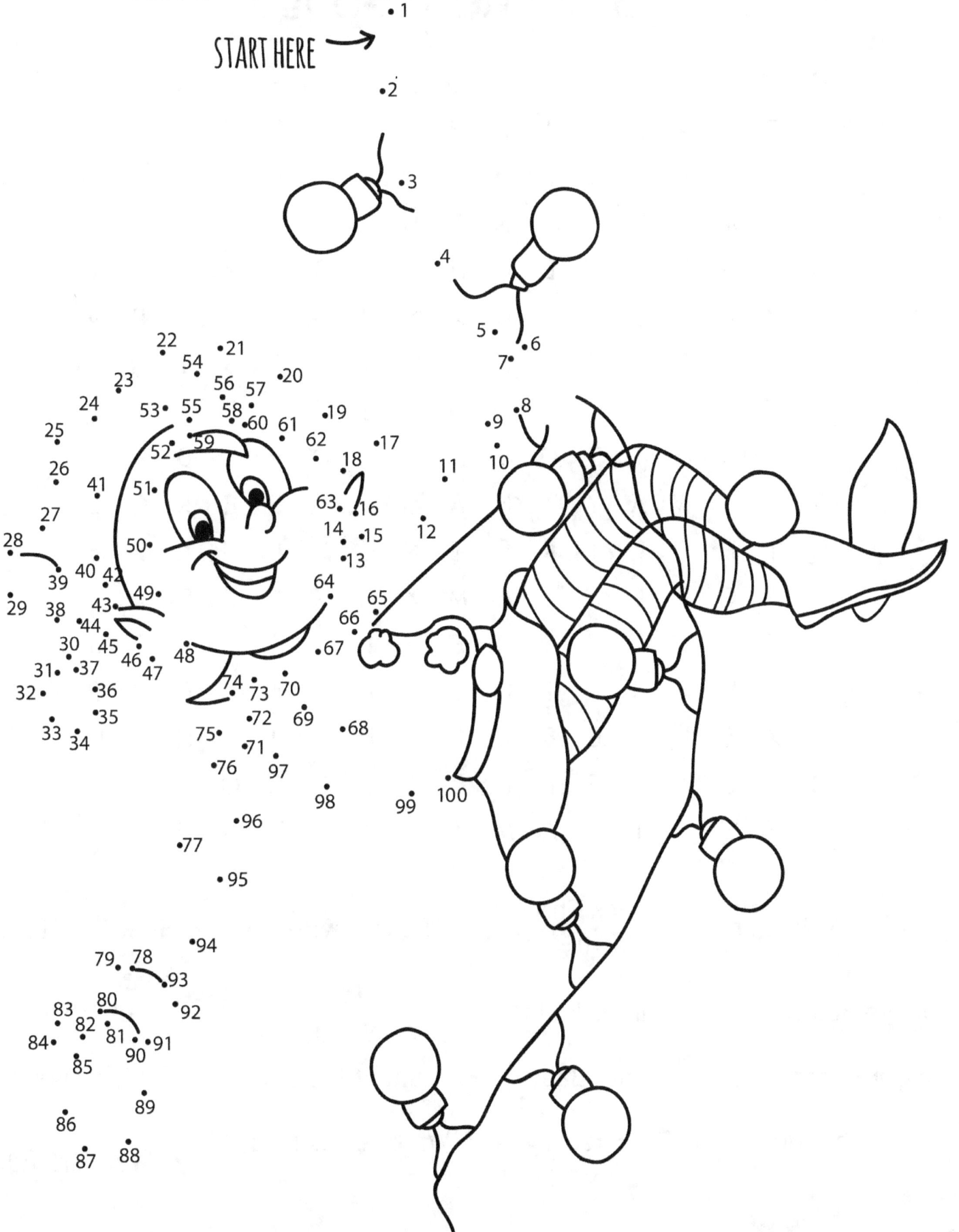

Sing Me A Song

```
O W I N T E R W O N D E R L A N D
V P L X E D I R H G I E L S N V A
A V Z B I V S H A O F Y U Y V P D
M H M T H G I N T N E L I S T Y I
B X W H I T E C H R I S T M A S V
S Y B A B A T N A S J A Q R L D A
F X D E C K T H E H A L L S I W N
M K T G O C F W O N S T I T E L Z
X W J O Y T O T H E W O R L D K I
S A A W A Y I N A M A N G E R G L
Q T H E F I R S T N O E L U L R E
G W G P L J Z E M X R X B C E L F
A O S L L E B R E V L I S H Z S J
N I H A R K T H E H E R A L D D P
M X S L L E B E L G N I J J N A W
B D J I N G L E B E L L R O C K E
R E E R T S A M T S I R H C H O V
```

Away In A Manger	Deck The Halls	Feliz Navidad	Hark The Herald
Jingle Bell Rock	Jingle Bells	Joy To The World	Let It Snow
Oh Christmas Tree	Santa Baby	Silent Night	Silver Bells
Sleigh Ride	The First Noel	White Christmas	Winter Wonderland

Find your way to the center of the snowflake!

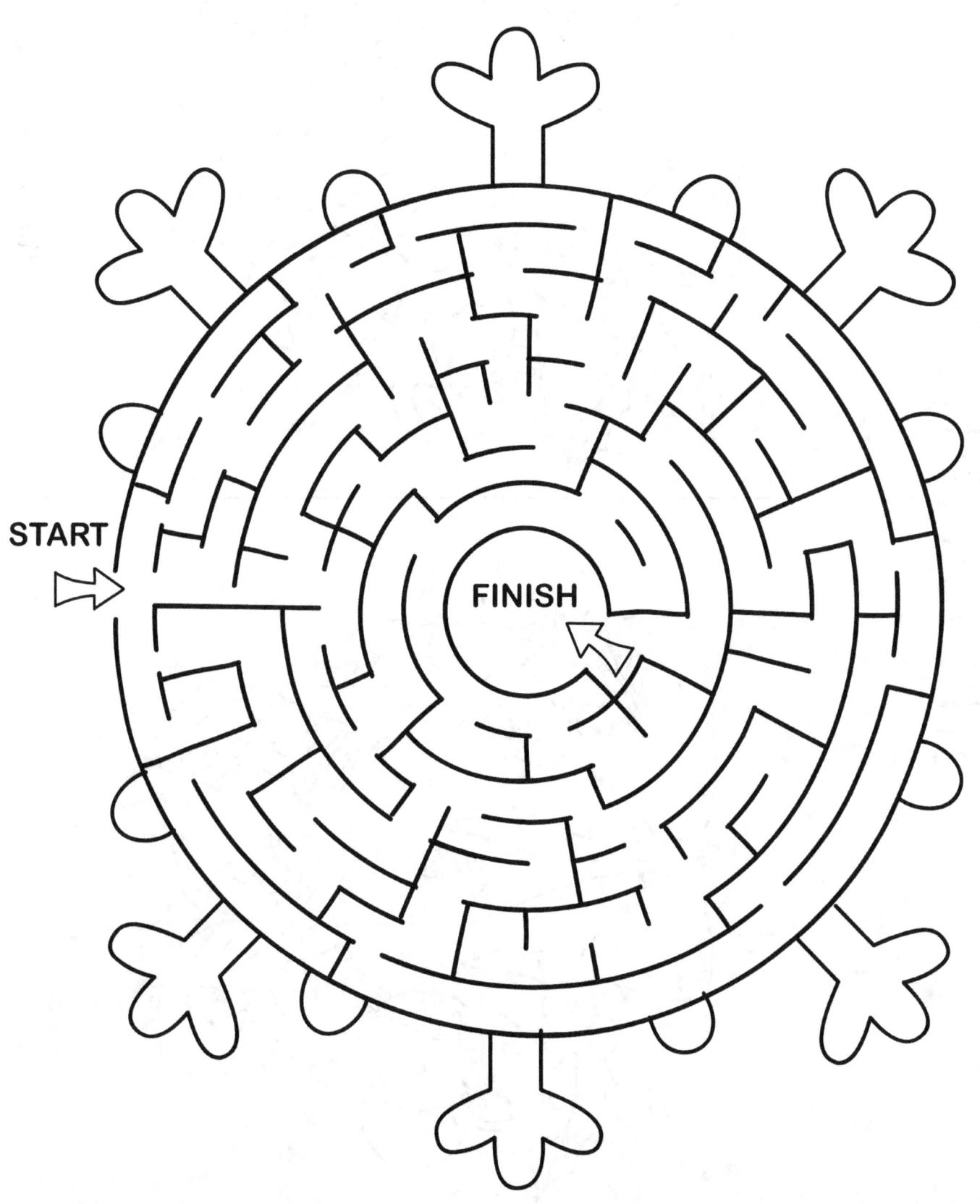

START

FINISH

SPOT 10 DIFFERENCES

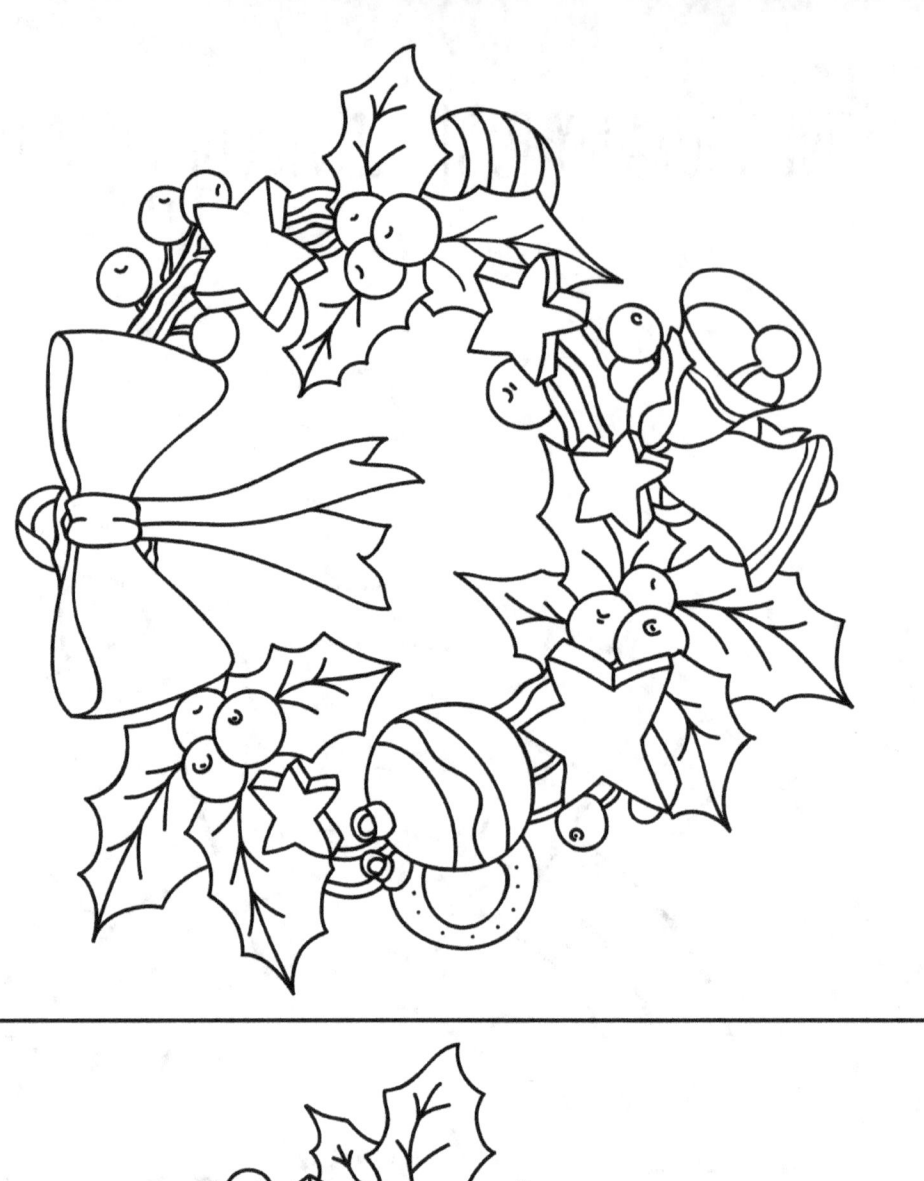

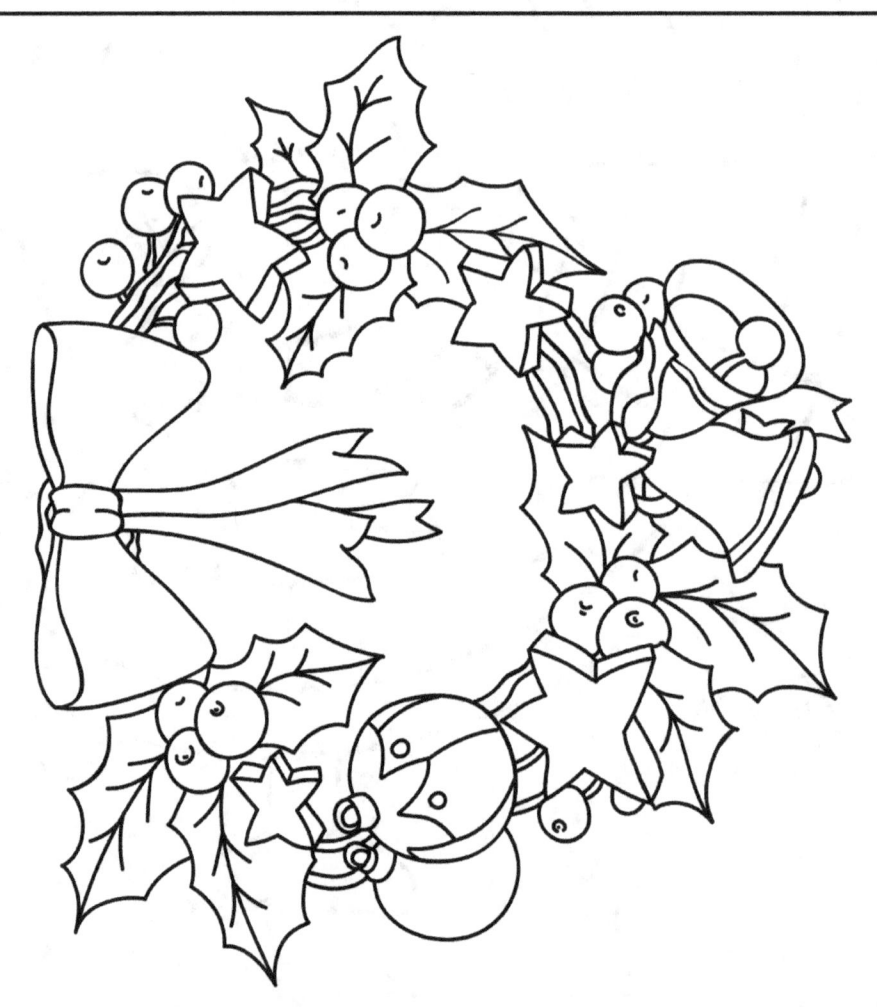

ANSWERS ARE ON PAGE 66

54

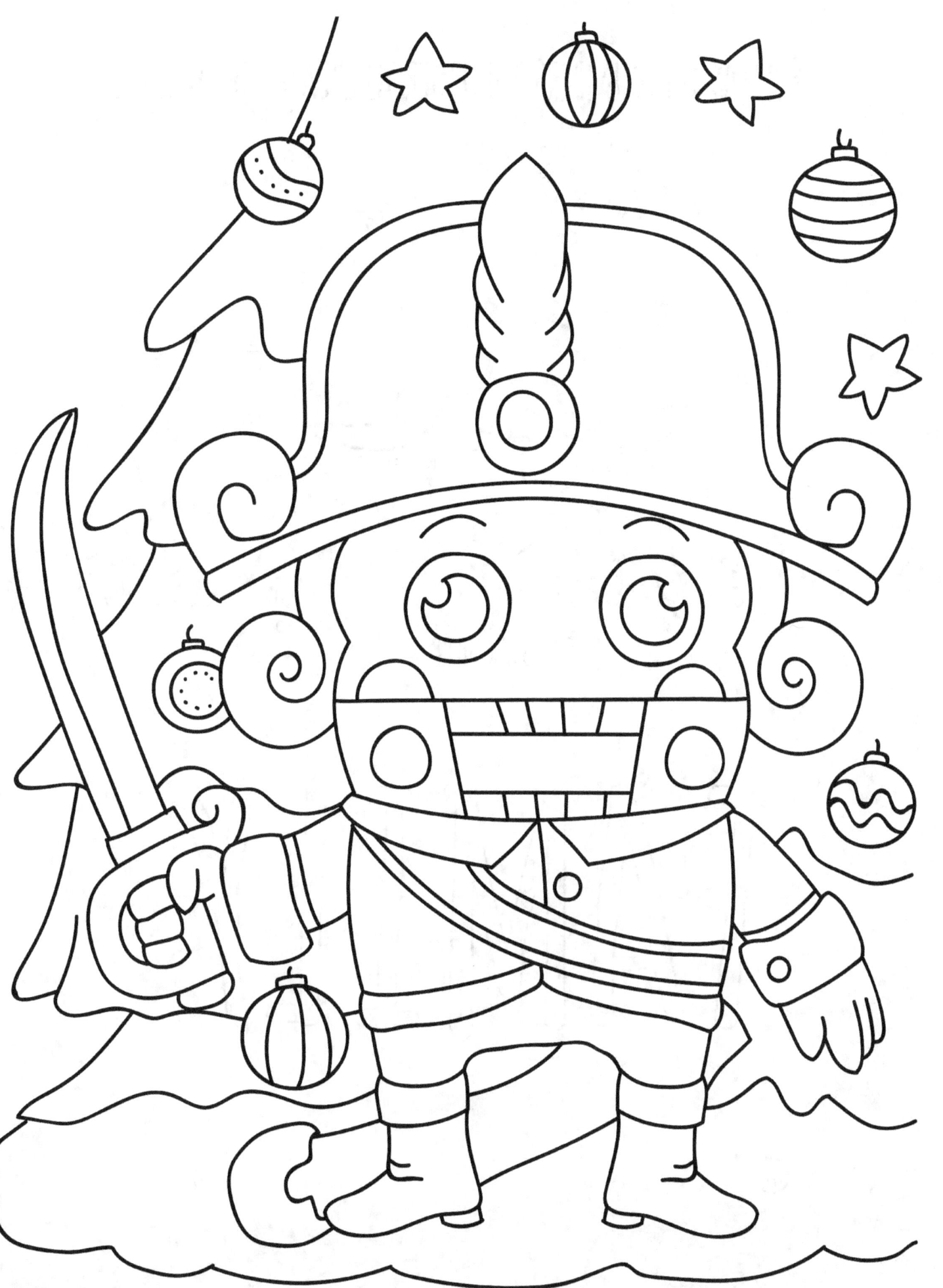

Follow the numbers in order to create the picture!

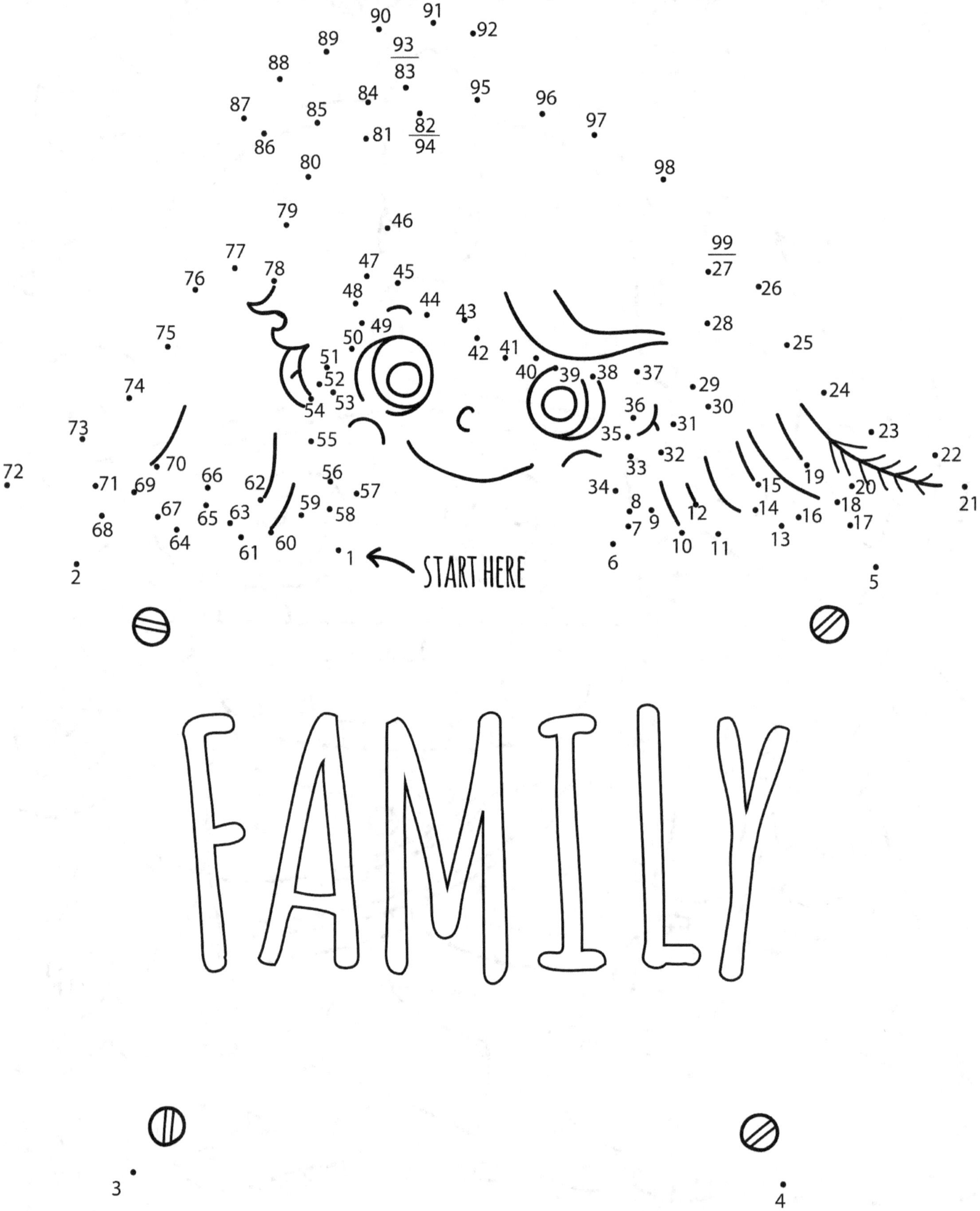

START HERE

FAMILY

Snowed-In Screen Time

```
S  J  J  W  C  P  V  W  E  D  H  S  Y  O  K  O  W
L  M  Y  A  W  E  H  T  L  L  A  E  L  G  N  I  J
L  I  R  M  C  T  K  J  G  Q  T  X  E  W  B  E  B
A  S  C  A  S  K  M  N  L  Q  E  W  L  O  V  U  S
H  E  H  N  H  I  F  N  E  Q  W  G  Z  L  E  G  S
E  I  R  T  H  E  G  R  I  N  C  H  U  E  G  Z  E
H  D  I  K  K  P  L  M  O  O  E  Y  M  B  A  H  R
T  D  S  R  O  V  T  O  H  S  S  U  H  T  E  E  P
K  U  T  N  E  Z  O  R  F  O  T  L  B  H  C  A  X
E  B  M  X  E  R  T  H  E  J  M  H  X  G  I  B  E
R  A  A  I  K  G  U  Q  G  A  R  E  K  I  H  G  R
H  T  S  P  E  S  J  P  G  O  B  B  A  E  A  B  A
S  N  S  W  Y  A  D  W  O  N  S  C  B  L  D  X  L
U  A  T  R  A  T  S  E  H  T  P  D  F  K  O  N  O
J  S  O  N  N  X  T  B  X  L  T  J  L  H  Q  N  P
B  K  R  U  I  C  E  P  R  I  N  C  E  S  S  E  E
I  F  Y  X  O  G  H  A  P  P  Y  F  E  E  T  T  P
```

Christmas Story	Eight Below	Elf	Frozen
Happy Feet	Home Alone	Ice Age	Ice Princess
Jack Frost	Jingle All The Way	Polar Express	Santa Buddies
Shrek The Halls	Snow Day	The Grinch	The Star

Help the Santa get to the center of the snowglobe!

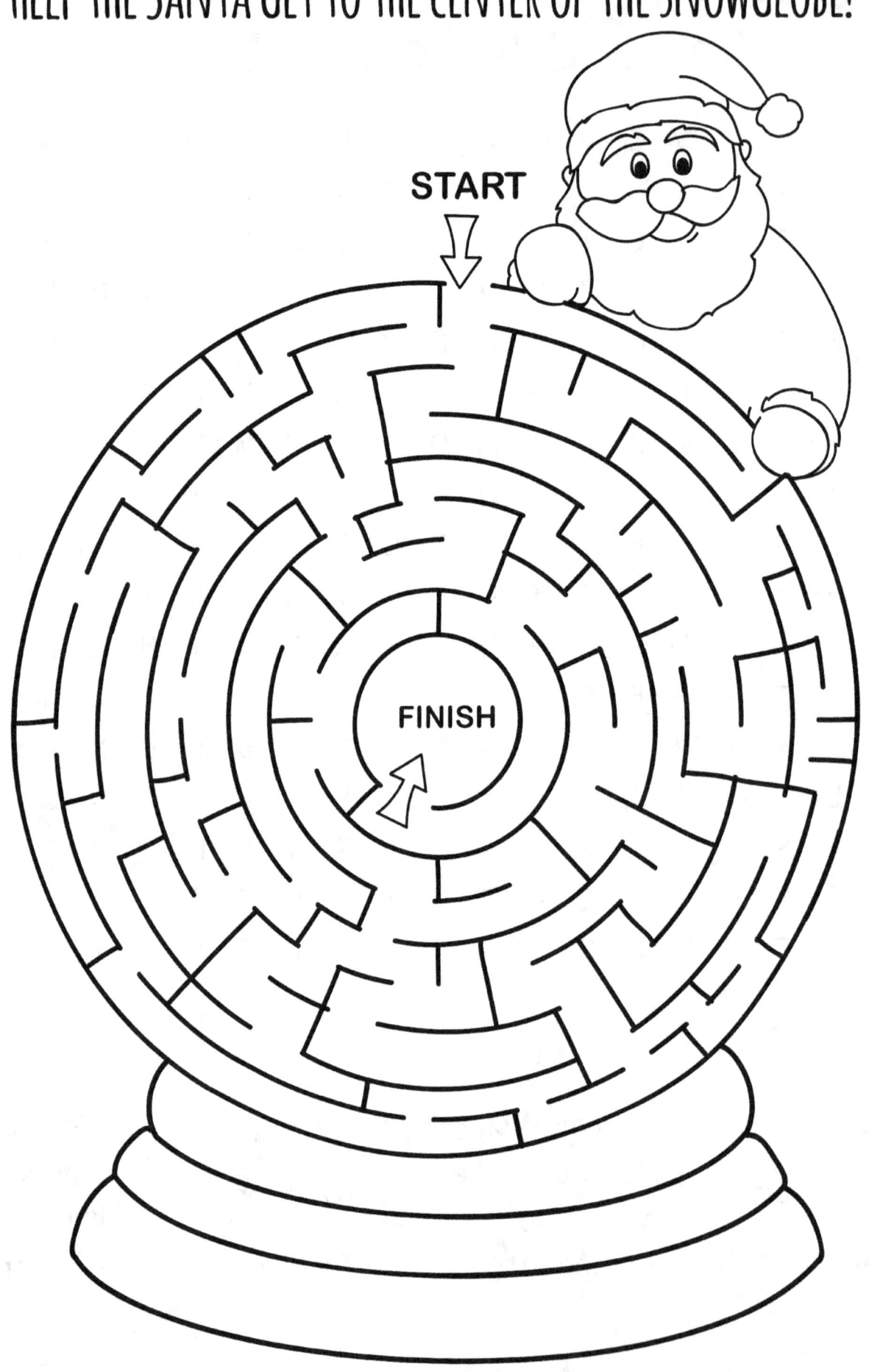

SPOT 10 DIFFERENCES

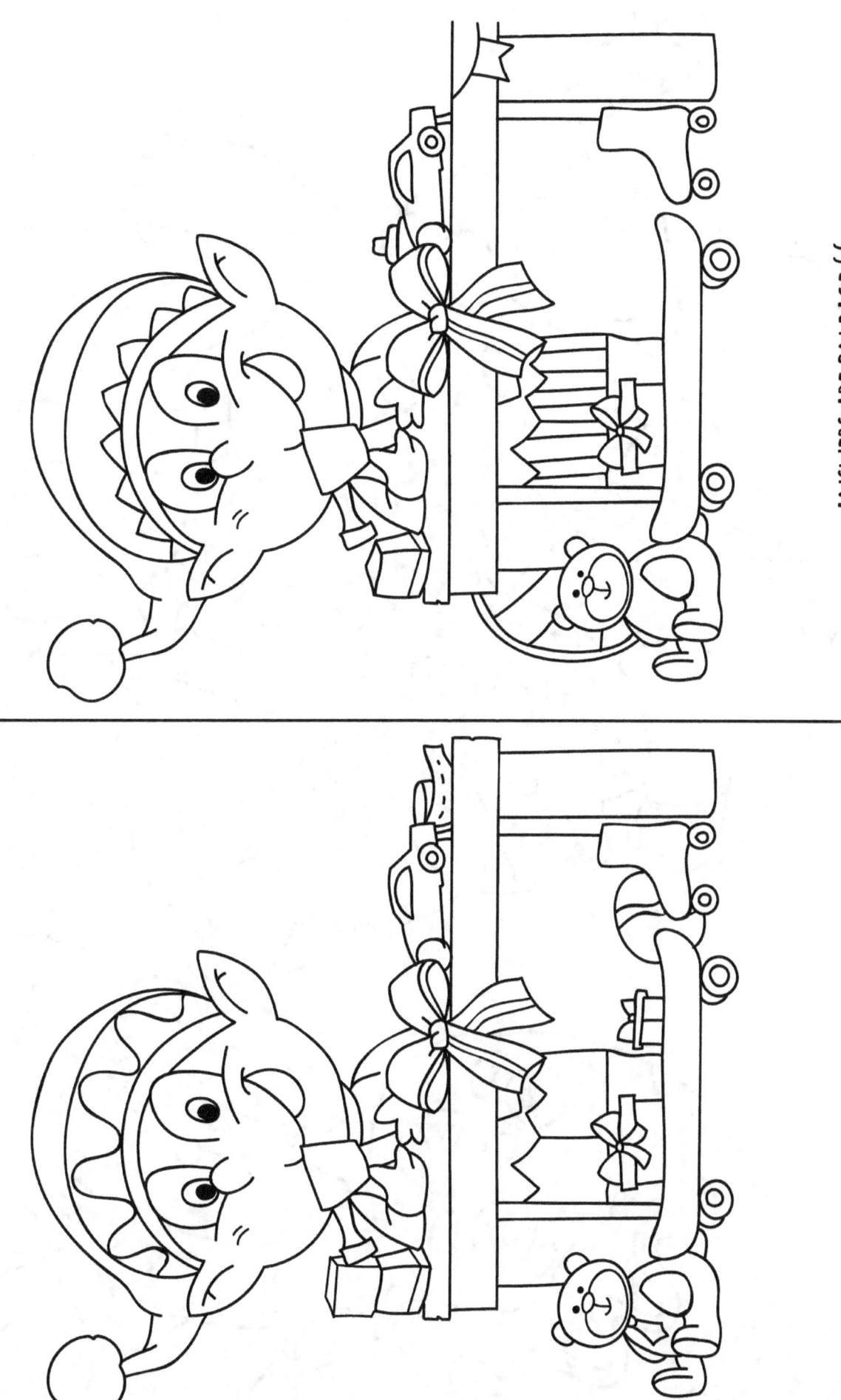

ANSWERS ARE ON PAGE 66

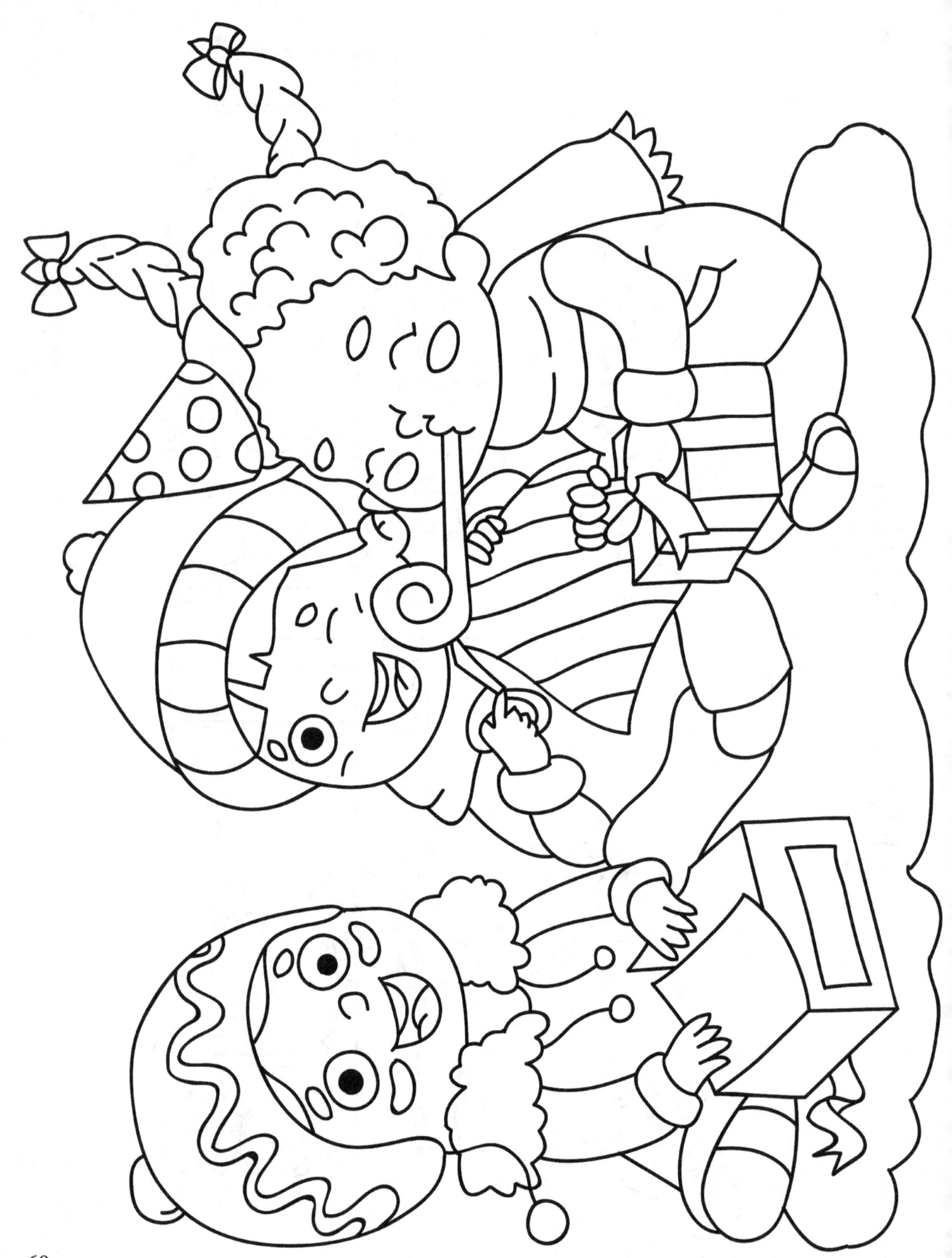

FOLLOW THE NUMBERS IN ORDER TO CREATE THE PICTURE!

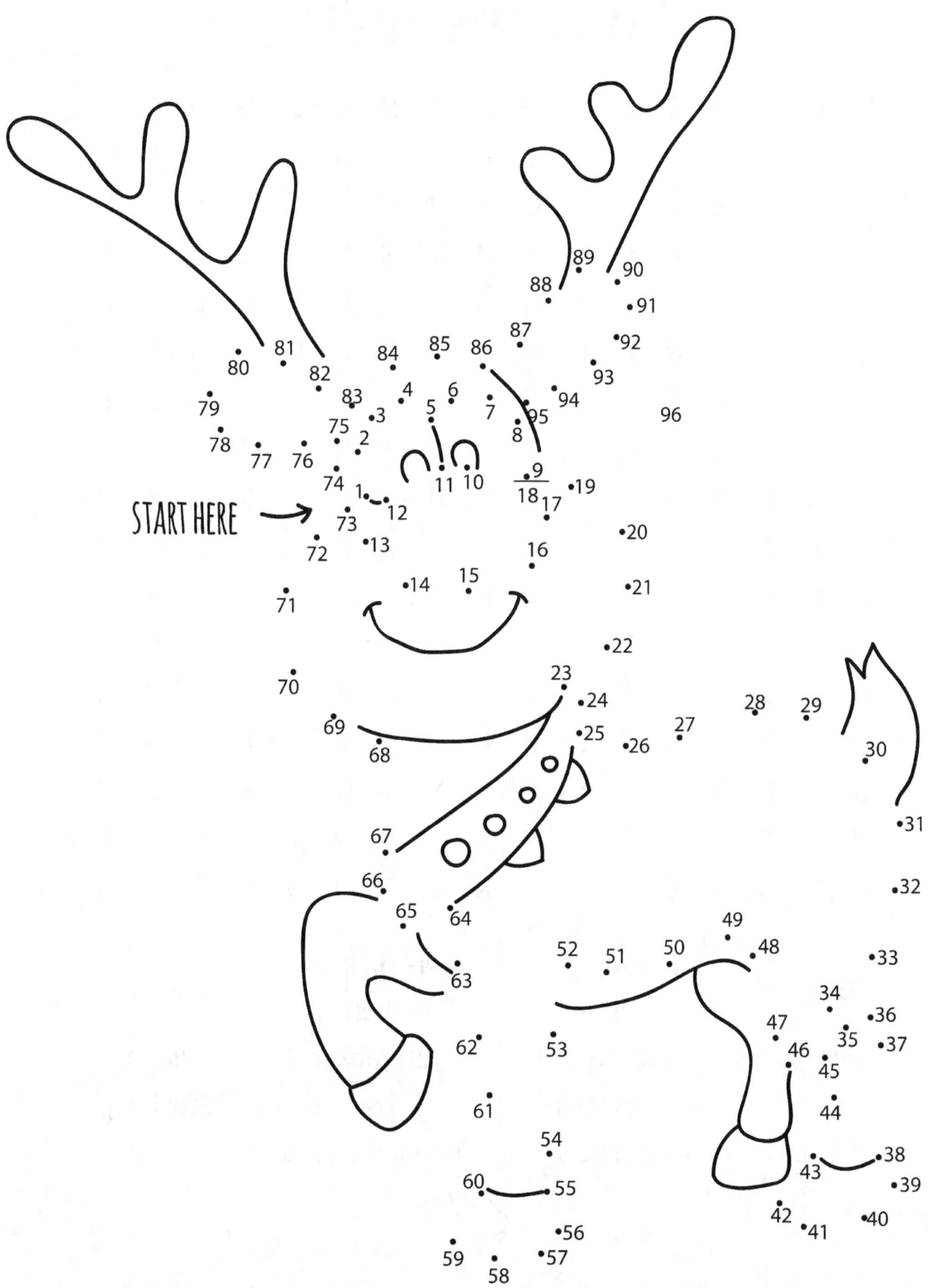

START HERE →

Deck The Halls

```
W  G  Q  P  S  N  O  W  M  E  N  L  B  Q  O  Q  B
F  X  H  Q  T  C  R  I  B  B  O  N  B  Z  Y  K  W
F  N  O  S  E  N  A  C  Y  D  N  A  C  I  N  B  U
F  R  F  L  E  H  S  E  H  T  N  O  F  L  E  M  N
T  Y  V  B  X  J  I  N  G  L  E  B  E  L  L  S  C
S  E  L  D  N  A  C  W  U  B  C  Q  C  Y  G  M  V
W  O  N  S  E  K  A  F  S  M  K  X  P  N  L  S  F
K  H  W  A  X  C  V  P  O  N  J  S  I  E  S  J  R
V  S  L  R  H  E  R  H  M  D  I  K  T  S  G  K  D
F  W  A  Y  Y  E  N  M  Y  U  C  A  F  F  D  Y  H
A  C  E  N  E  R  K  T  N  O  S  W  R  Y  Y  W  Q
M  A  U  O  T  T  J  A  T  T  N  Z  E  T  H  Q  N
D  D  Z  X  G  A  P  S  A  Y  L  W  E  C  N  P  K
N  L  T  V  A  E  S  R  L  H  T  A  E  R  W  N  Z
S  T  H  G  I  L  E  L  K  N  I  W  T  R  V  P  Z
M  T  E  S  Y  T  I  V  I  T  A  N  M  A  F  L  Y
R  Z  S  R  E  K  C  A  R  C  T  U  N  S  P  K  A
```

Candles	Candy Canes	Elf On The Shelf	Fake Snow
Jingle Bells	Nativity Set	Nutcrackers	Ribbon
Santas	Snowmen	Star	Stockings
Trains	Tree	Twinkle Lights	Wreath

FIND YOUR WAY THROUGH THE BELL TO HEAR THE CHIMES!

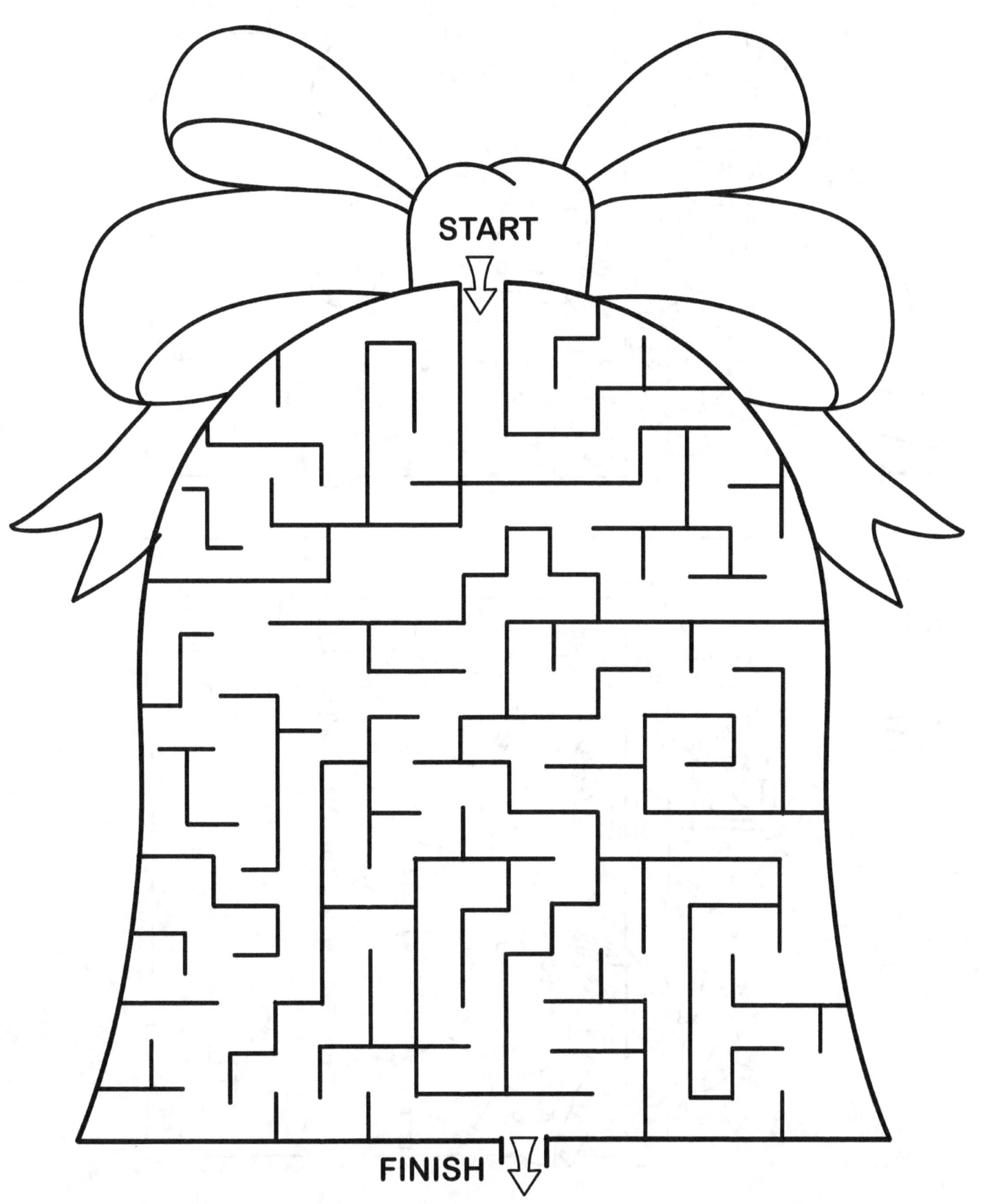

SPOT 10 DIFFERENCES

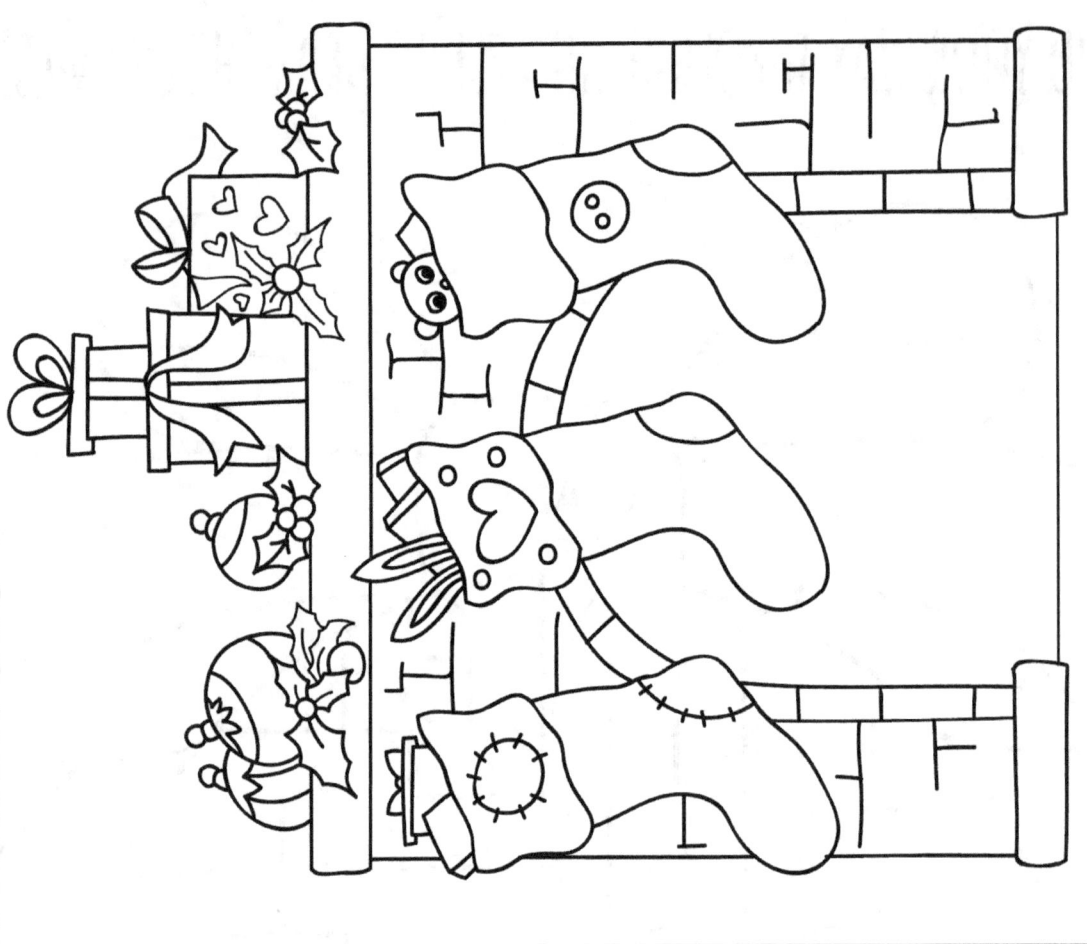

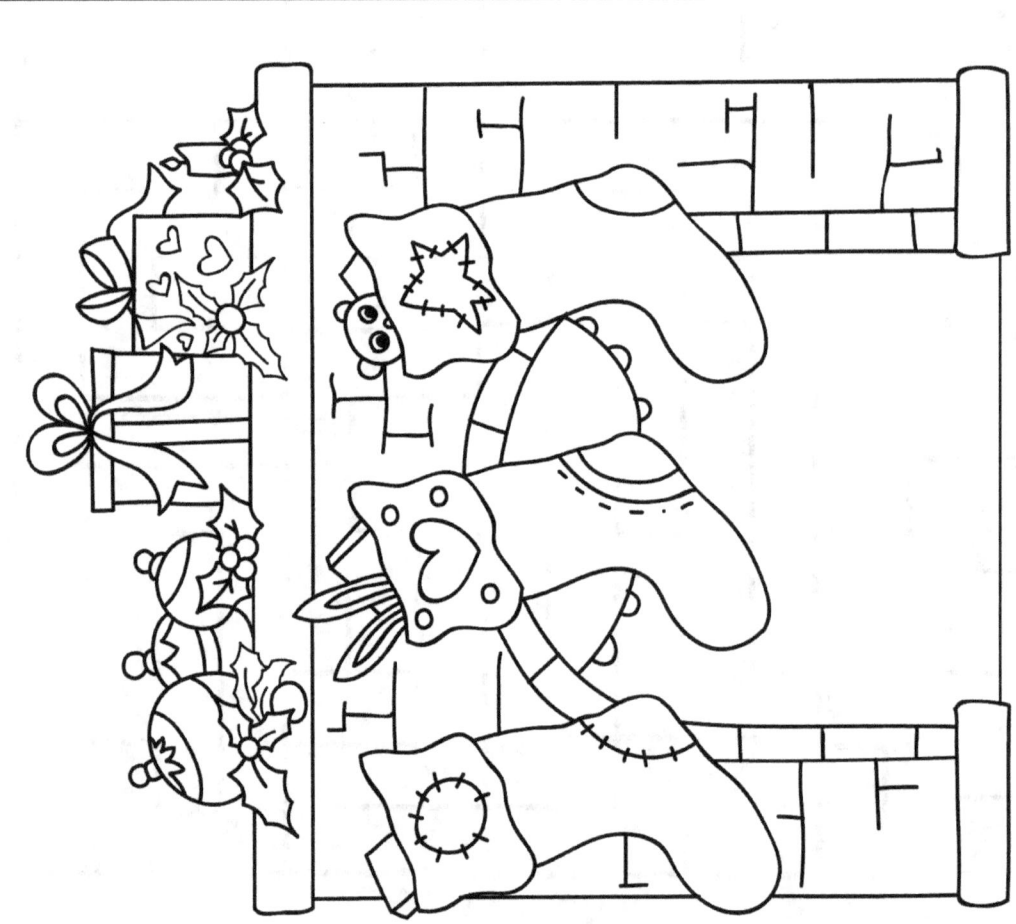

ANSWERS ARE ON PAGE 66

ANSWER KEY

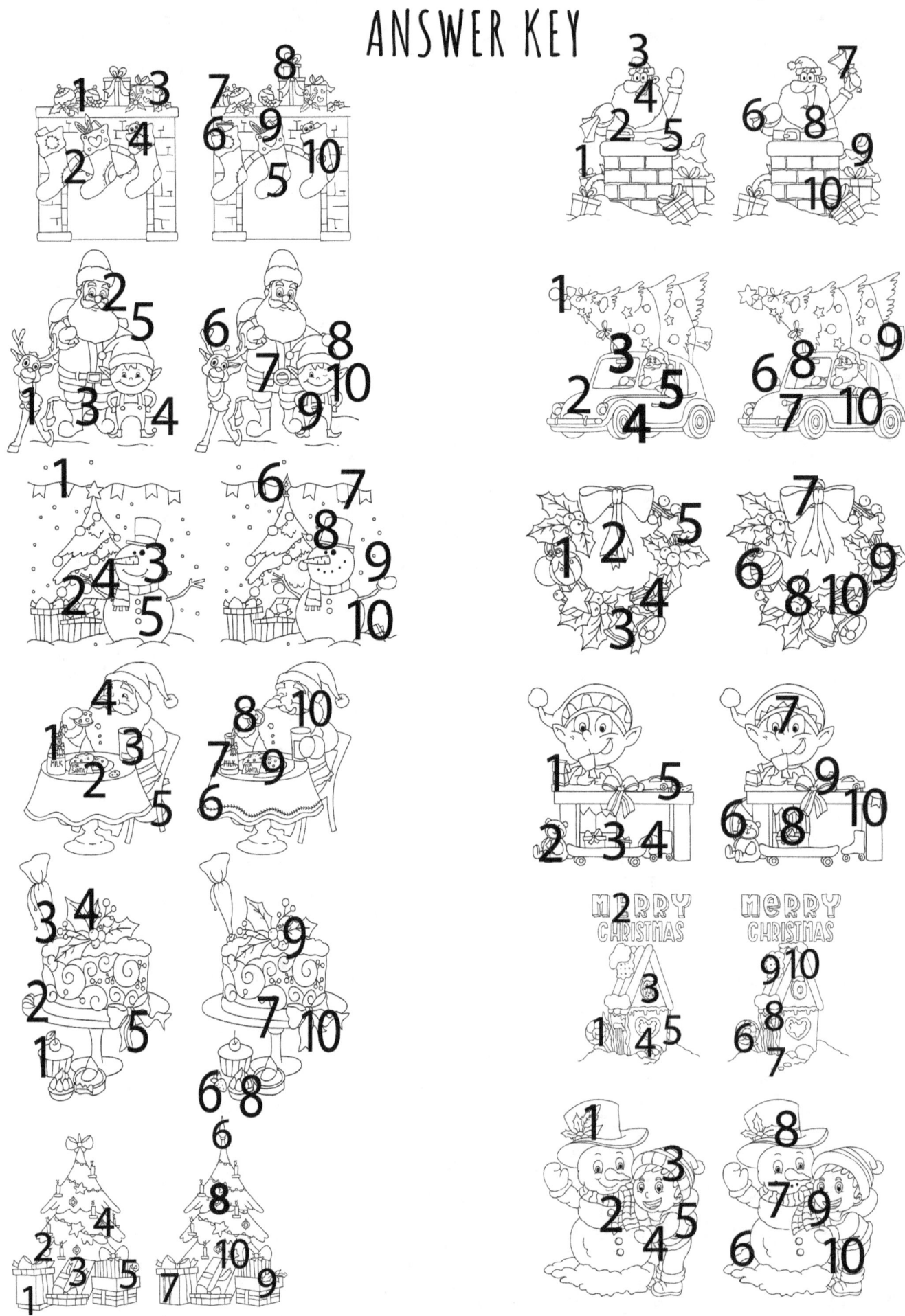

CHECK OUT OUR OTHER

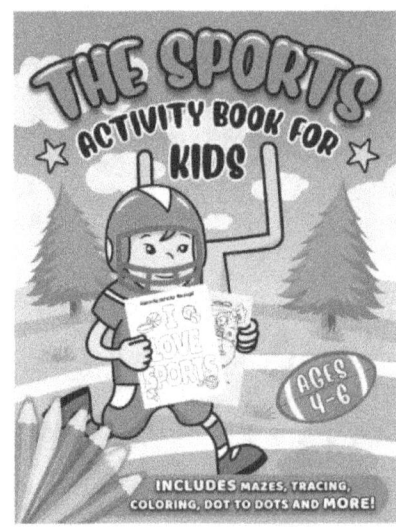

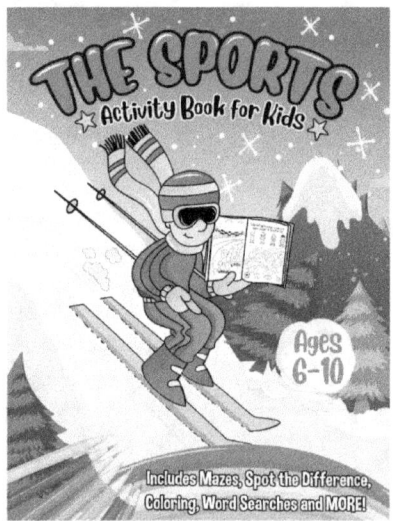

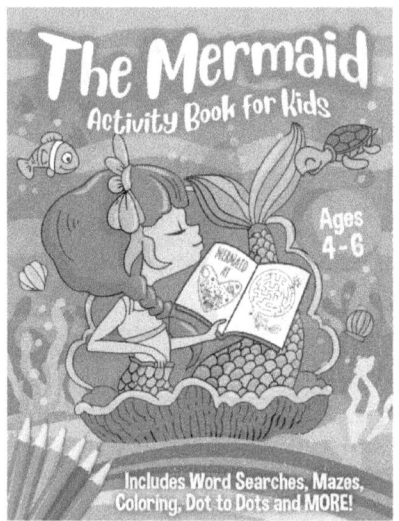

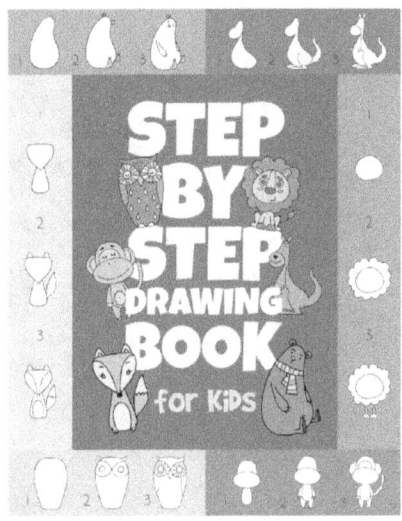

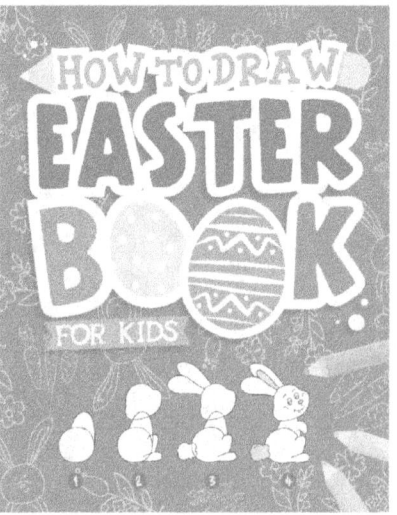

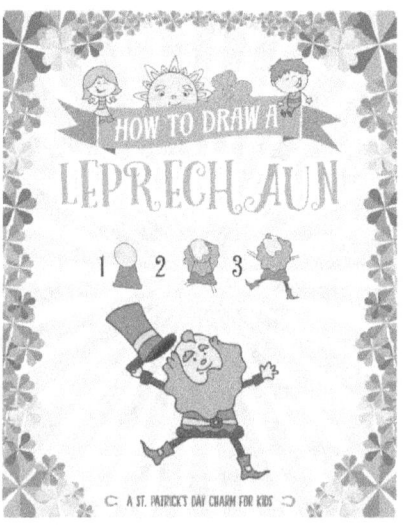

PEANUT PRODIGY

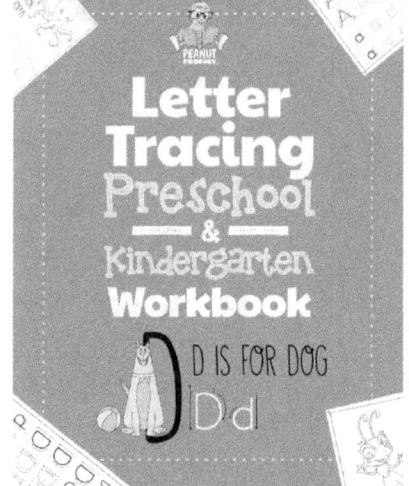

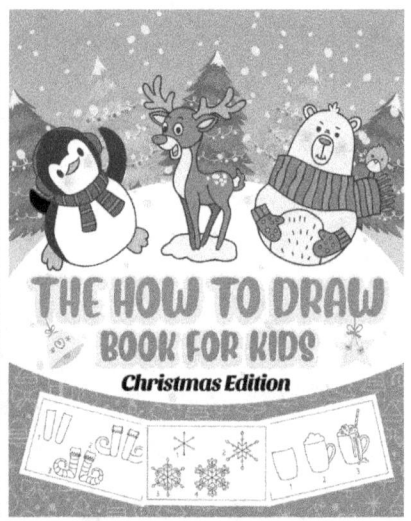

VISIT OUR AMAZON BOOK STORE AT:

PEANUT PRODIGY BOOKS!

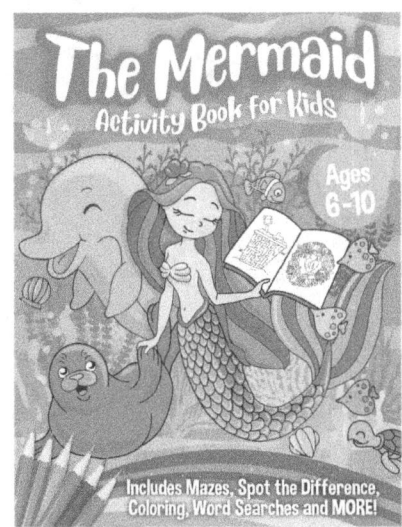
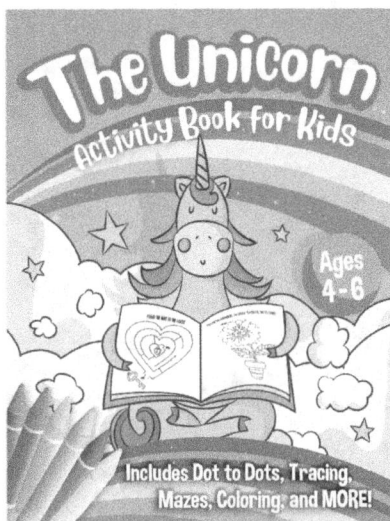
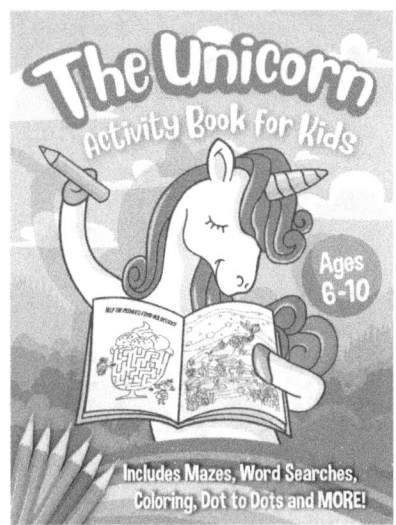
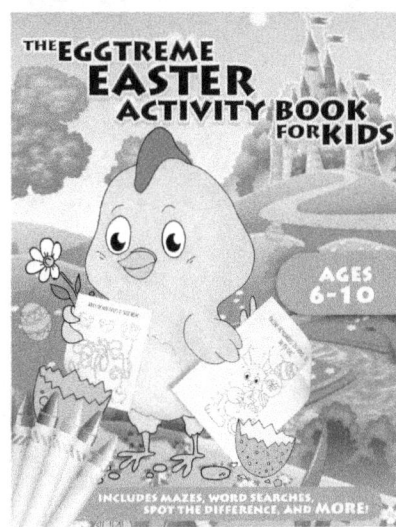
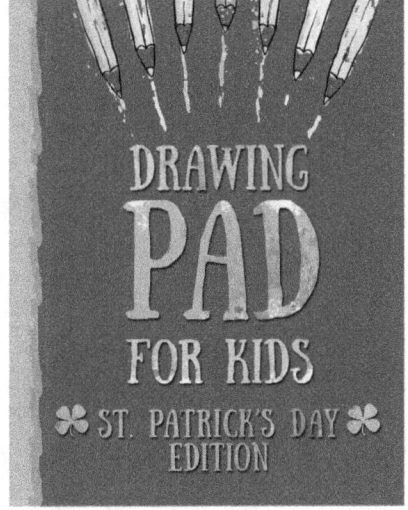
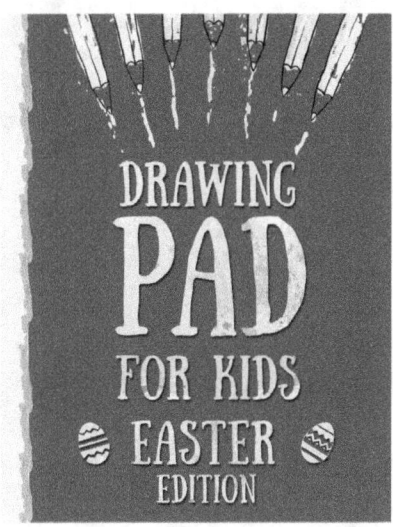
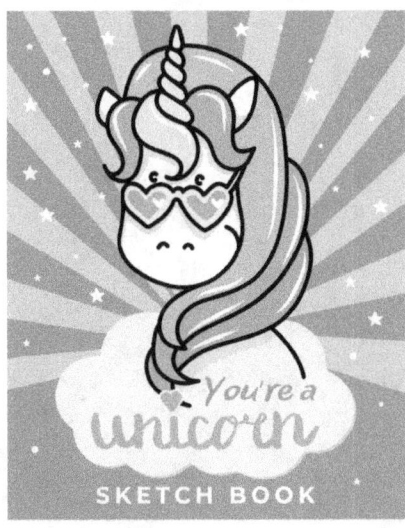
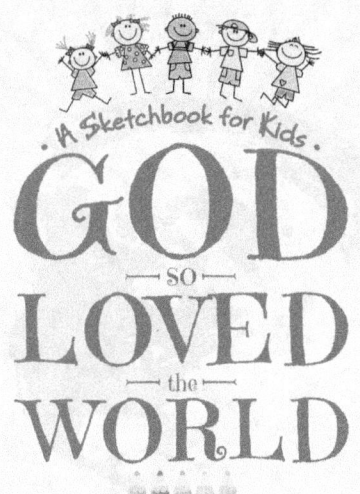
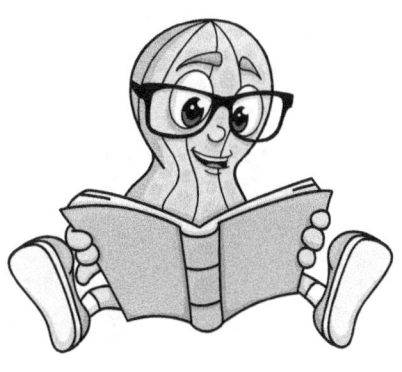